은혜의 하나님을 위한
나의 최선

KB194934

은혜의 하나님을 위한 나의 최선

저자 앤드류 머레이
역자 김창대

초판 1쇄 발행 2025. 3. 25.

발행처 도서출판 브니엘
발행인 권혁선

책임교정 조은경
책임영업 기태훈
책임편집 브니엘 디자인실

등록번호 서울 제2006-50호
등록일자 2006. 9. 11.

서울특별시 송파구 백제고분로28길 25 B101호 (05590)
마케팅부 02)421-3436
편 집 부 02)421-3487
팩시밀리 02)421-3438

ISBN 979-11-93092-37-8 03230

독자의견 02)421-3487
이 메 일 editorkhs@empal.com

북카페주소 cafe.naver.com/penielpub.cafe
인스타그램 @peniel_books

도서출판 브니엘은 독자들의 원고를 설레는 마음으로 기다리고 있습니다.
위의 이메일로 간단한 기획 내용 및 원고, 연락처 등을 보내주십시오.

도서출판 브니엘은 갓구운 빵처럼 항상 신선한 책만을 고집합니다.

[날마다 하나님의 은혜를 경험하는 거룩한 부르심]

은혜의 하나님을 위한
나의 최선

앤드류 머레이 지음 | 김창대 옮김

앤드류 머레이
베스트 컬렉션 1

The Best collection
of Andrew Murray

그리스도인의 삶에서 은혜의 하나님을 위한 우리의 최선은 무엇일까? 그것은 바로 거룩함이다. 성경에서 어떤 단어도 거룩한 만큼그 기원과 의미가 영적인 것은 없다. 거룩함 외에 어떤 다른 단어도우리를 하나님의 깊은 신비와 그분의 자녀가 누리는 한없는 특권과축복으로 인도할 수 없다. 그런데도 아직 많은 그리스도인이 이 말을 온전히 이해하지 못하는 것 같다. 물론 지난 세월 동안 "거룩하라"는 말씀이 여러 교회에서 그 어느 때보다 깊이 있고 진지하게 퍼져 나간 것에 관해 하나님께 감사한다. 그리고 책과 잡지에서, 집회와 연례 회의에서, 성도들의 간증과 삶에서 이른바 거룩한 움직임이현실화되었다는 많은 증거가 나타나는 것에 대해서도 감사한다.

그러나 여전히 부족한 부분이 많다. 그리스도인 가운데 상당수가 거룩함이라는 개념을 모호하게 이해하고 있다. 그것을 깊이 알고 자 하는 사람들 가운데서도 하나님의 말씀과 그분이 친히 가르쳐주 시는 것을 제대로 이해하는 사람은 드물다. 대부분의 사람은 거룩함 의 진정한 의미를 간과한 채 단순히 그리스도인의 삶에서 좀 더 열 심히 추구해야 하는 어떤 일반적인 개념으로 이해하고 있다. 하지만 하나님만이 예수 그리스도와 그분 자신의 거룩함에 관한 신비를 드 러내실 수 있다.

이 책을 쓰는 동안 나의 목적은 하나님께서 거룩함을 어떤 의미 로 사용하시는지 깨닫고 그분이 뜻하시는 거룩함이 우리의 거룩함 이 되도록 하는 것이었다. 나는 하나님의 거룩하심이 어떤 것인지, 또 우리의 거룩함은 어떠해야 하는지, 거룩함에 어떻게 도달할 수 있는지를 발견하기 위해 거룩함에 관해 기록된 가장 중요한 성경 구 절들을 연구해왔다.

특히 하나님께서 그리스도인의 삶에 요구하시는 온전한 의미의 진정한 거룩함을 구성하는 요소가 얼마나 많은지, 또 얼마나 다양한 지를 찾으려고 연구했다. 동시에 예수라는 인간에 집중되어 있던 거 룩함 속에 나타난 놀라운 조화와 단일성을 강조하기 위해 지속해서 노력했다. 이 작업을 하면서 나는 내가 다른 사람들을 전능하신 분 의 거룩한 보좌로 인도하는 참으로 놀라운 일을 책임지고 있음을 어 느 때보다 깊이 깨달았다.

아마 어떤 사람들에게는 이 책이 실망스러울지도 모른다. 그들은 거룩한 삶을 위한 시작은 단지 어떤 단계에 불과하다고 들어왔다. 그들은 믿음으로 거룩함의 놀라운 비밀을 발견한 이후 삶에 축복된 변화가 있었다고 이야기하는 그리스도인들을 안다. 지금 그들은 그 비밀을 구하고 있다. 그들은 그 비밀이 거룩함을 구하는 이들에게는 오지 않고 오직 예수 그리스도를 구하는 사람들에게 온다는 사실을 이해하지 못하고 있다. 그들은 거룩함과 그것을 얻는 방법에 관해 모든 것이 배우기 쉽고 기억하기 쉬우며 실천하기 쉬운 간단한 지시로 되어 있는 책을 갖기 원한다.

예수님의 제자들에게도 오순절과 같은 사건이 있었듯이 거룩함은 예수님만을 따르기 위해 모든 것을 버리고 헌신하며 주님께 자신을 책망하고 가르치시도록 내어놓은 사람에게만 찾아온다. 종종 비밀스러운 기도의 골방에서, 또는 성도들의 모임에서 우리를 죄에서 구원하신 구세주로서 그리스도에 대한 복된 계시가 있다. 그러나 이런 계시들은 은혜를 받을 준비가 되어 있는 사람에게만 주어진다.

모든 사람은 그리스도를 믿고 그 안에서 기뻐해야 한다. 비록 그들의 경험이 바라왔던 것이 아닐지라도 말이다. 그리스도께서 우리를 거룩하게 하실 것이다. 그러나 우리가 그리스도 안에서 성화되는 믿음의 축복된 삶에 들어왔든지, 아니면 아직도 아득히 그것을 갈망하고 있든지 우리는 모두 한 가지를 원한다. 하나님께서 말씀하신 한 말씀 한 말씀을 단순한 믿음으로 순종하고 받아들이는 것.

나는 믿음의 형제들이 하나님의 축복된 말씀에 기록된 대로 여러 세대에 걸쳐 하나님의 거룩함이 놀랍게 나타나기를 구하는 일에 믿음의 조력자가 되기를 오랫동안 염원해 왔다. 나의 오랜 기도 제목은 하나님께서 그분의 말씀으로 그분의 자녀가 거룩해져야 한다는 신념과 거룩해지는 방법에 관한 지식, 거룩함의 소망에 관한 기쁨, 거룩해질 수 있다는 믿음에 강건하게 설 수 있도록 도와주시는 것이다. 그리고 하나님께서 우리를 감동하게 하셔서 우리가 밤낮으로 성령의 임재하심과 거룩함의 능력이 우리에게 임하기를 간구하는 것이다. 그렇게 함으로써 그리스도인과 성도라는 이름이 동의어가 되고 모든 믿는 자가 주님의 필요에 따라 거룩하게 되어 주님을 만날 수 있는 그릇으로 빚어지는 것이다.

글쓴이 앤드류 머레이

C·O·N·T·E·N·T·S
차 례

01

부르심에 담긴
비밀을 발견하라

The Believer's Secret of Holiness _ Part 1

오직 너희를 부르신 거룩한 이처럼 너희도 모든 행실에 거룩한 자가
되라. 기록되었으되 내가 거룩하니 너희도 거룩할지어다 하셨느니
라. 베드로전서 1:15-16.

하나님을 위한 최고의 순종인 거룩함에 관한 하나님의 부르심은
영원 전부터 그분이 목적하신 것을 나타낸다. "미리 정하신 그들을
또한 부르시고"(롬 8:30). 그리스도인은 '하나님의 목적에 따라 부
름받은' 사람들이다. 하나님은 그 부르심 속에서 우리를 향한 생각
과 뜻이 무엇인지, 우리를 위해 예비하신 삶이 어떤 것인지 나타내
신다. 하나님은 그 부르심 속에서 우리를 부르신 소망이 무엇인지
분명히 보여주신다. 우리가 이것을 영적으로 이해하고 이에 도달할

수 있을 때 이 땅에서 우리의 삶은 영원 전부터 우리를 향하신 하나님의 목적을 반영하게 될 것이다.

성경은 우리를 부르신 목적, 혹은 뜻을 가리켜 공통된 하나의 단어를 사용하는데 베드로전서 1장 15~16절만큼 반복해서 나타나는 곳도 없다. 사도 바울은 두 차례나 그리스도인을 '성도로 부르심을 받은 자'라고 언급하고 있다.

"로마에서 하나님의 사랑하심을 받고 성도로 부르심을 받은 모든 자에게 하나님 우리 아버지와 주 예수 그리스도로부터 은혜와 평강이 있기를 원하노라"(롬 1:7). "고린도에 있는 하나님의 교회, 곧 그리스도 예수 안에서 거룩하여지고 성도라 부르심을 받은 자들과 또 각처에서 우리의 주, 곧 그들과 우리의 주되신 예수 그리스도의 이름을 부르는 모든 자들에게"(고전 1:2).

또한 "하나님이 우리를 부르심은 부정하게 하심이 아니요 거룩하게 하심이니"(살전 4:7)라고 말한다. 바울은 "평강의 하나님이 친히 너희를 온전히 거룩하게 하시고"(살전 5:23)라고 기록한 다음 "너희를 부르시는 이는 미쁘시니 그가 또한 이루시리라"(살전 5:24)는 말을 덧붙였다. 이 부르심은 '거룩한 부르심'으로 불린다.

부르심의 결과인 궁극적인 목적 또한 거룩함과 지속해서 관련되어 있다.

"우리를 택하사 우리로 사랑 안에서 그 앞에 거룩하고 흠이 없게 하시려고"(엡 1:4). "하나님이 처음부터 너희를 택하사 성령의 거룩하게 하심과 진리를 믿음으로 구원을 받게 하심이니"(살후 2:13).
"하나님 아버지의 미리 아심을 따라 성령이 거룩하게 하심으로 순종
함과 예수 그리스도의 피 뿌림을 얻기 위하여 택하심을 받은 자들"
(벧전 1:2).

이처럼 부르심은 영원 속에서 아버지 하나님께서 마음속에 품으
신 목적을 나타낸다. 바로 우리가 거룩해야 한다는 뜻이다.

하나님께서 우리를 부르신 뜻을 아는 것은 더할 나위 없이 대단
히 중요한 일이다. 만약 우리가 이것을 잘못 이해한다면 우리는 무
척 위험할 수도 있다. 당신은 하나님께서 당신을 구원하시기 위해,
당신이 행복하도록, 용서받고 천국을 소유하도록 부르셨다는 말씀
을 들어보았을 것이다. 그러나 그 모든 것이 하나님의 주된 목적에
뒤따르는 부수적인 것들이라고 생각해본 적이 있는가? 주된 목적은
"성령의 거룩하게 하심으로 구원을 받게 하시는 것"이며 거룩함은
구원과 천국을 얻기 위한 가장 우선적이면서도 가장 중요한 요소이
다. 많은 그리스도인이 기쁨과 열정이 없음으로 인한 실패와 느린
영적 성장을 하소연한다. 그 원인은 하나님께서 거룩함을 요구하셨
을 때 그들이 응답하지 않았기 때문이다. 그들은 아직 하나님과 부
르심에 관해 합의를 이루지 못하고 있다.

사도 바울이 에베소 사람들에게 "거룩하게 하려고 택함 받았다"
고 말한 성경 말씀에서 모든 믿는 자에게 지혜와 계시의 정신을 주
셔서 하나님을 알게 하시고, 또한 '부르심의 소망'이 무엇인지 알게

해주시기를 기도했던 것도 놀랄 일은 아니다. "우리 주 예수 그리스도의 하나님, 영광의 아버지께서 지혜와 계시의 영을 너희에게 주사 하나님을 알게 하시고 너희 마음의 눈을 밝히사 그의 부르심의 소망이 무엇이며 성도 안에서 그 기업의 영광의 풍성함이 무엇이며"(엡 1:17-18). 이제 우리가 무엇으로 부름받았는지 알게 되었다면 모두 그와 같이 기도로써 우리를 부르신 이가 거룩하신 것같이 우리도 거룩하게 해주시기를 하나님께 구해야 한다.

우리의 부르심에서 다른 무엇보다 더욱 중요한 것은 거룩함을 이루는 것이다. 하나님께 거룩함이 무엇인지 가르쳐주시기를 기도하자. 먼저 그분의 거룩하심이고, 그다음 우리가 가져야 할 거룩함이다. 하나님께서 그분의 형상과 모습대로 만들어진 존재인 우리를 통해 보기 원하시는 모습이 무엇인지를, 그의 거룩함으로 그리스도와 나누게 되는 형언할 수 없는 축복과 영광을 보여주시기를 구하자. 그러면 하나님께서 그분의 성령으로 우리에게 이 모든 것을 가르쳐주실 것이다. 우리는 그것이 가져올 엄청난 영향력을 충분히 마음에 품을 수 있을 것이다.

"너희를 부르신 거룩한 이처럼 너희도 거룩한 자가 되라." 하나님의 이 부르심은 "내가 거룩하니 너희도 거룩하라"는 명령 뒤에 숨어 있는 진정한 동기를 우리에게 가르쳐준다. 하나님은 말씀하신다. "거룩함은 나의 축복이요 나의 영광이다. 이것이 없이는 나를 보지도 나의 안에서 즐거워하지도 못한다. 그보다 더한 높은 뜻은 없다.

나는 너희가 나와 함께 거룩함을 공유하기 원한다. 나는 너희가 나의 형상을 닮기 원한다. 나의 거룩함에 참여하는 것, 이것이 너희의 마음을 이끌어 깊은 감동을 주지 않느냐? 나는 너희에게 나 자신을 준다. 이것은 내가 줄 수 있는 가장 좋은 것이다. 내가 거룩하니 너희도 거룩하라." 우리는 이 놀라운 부르심에 관한 응답으로 우리의 영혼이 기꺼이 모든 것을 드릴 수 있도록 하나님께 그분의 거룩함의 영광을 보여주시기를 간절히 기도해야 한다.

그분의 부르심은 거룩함의 진정한 본질을 보여준다. "너희를 부르신 거룩한 이처럼 너희도 거룩한 자가 되라." 거룩해지는 것은 하나님을 닮는 것, 즉 하나님과 같은 성품과 뜻과 특성이 있는 것이다. 이런 생각은 우리가 "그가 그리스도 안에서 우리를 거룩하게 하려고 택하셨다"라는 말씀을 듣기 전까지는 거의 신성모독처럼 들릴지도 모른다. 그러나 그리스도 안에서 하나님의 거룩하심이 한 인간의 삶으로 나타났다. 우리는 그리스도라는 본보기, 그리스도의 마음과 정신 속에서 보이지 않는 분의 거룩하심이 눈에 보이는 사람의 삶과 행동으로 갈아입은 모습을 본다. 그리스도와 같이 되는 것은 하나님과 같이 되는 것이다. 그리스도와 같아진다는 것은 하나님께서 거룩하시듯이 거룩하게 되는 것이다.

부르심은 거룩함의 능력을 드러낸다. "주밖에 거룩하신 자가 없나이다." 주님께 없거나 주님이 아닌, 혹은 주님이 주시지 않는 거룩함은 없다. 그런 특성은 우리가 가지거나 행할 수 있는 것이 아니다.

그것은 하나님의 생명을 소통하는 것이고, 하나님의 본성을 불어넣는 것이며, 하나님의 현존이 우리에게 머무는 것이다. 그리고 거룩하게 되기 위한 우리의 힘은 하나님의 부르심 속에서 발견된다. 거룩하신 분이 우리를 그분께로 부르시고 우리가 그분을 소유하게 하심으로써 거룩하게 하신다. 그분은 "나는 거룩하다"라고 하셨을 뿐만 아니라 "나는 너희를 거룩하게 하는 여호와라"고 말씀하셨다. 그부르심이 능력과 사랑이 무한하신 하나님에게서 왔기 때문에 우리역시 거룩해질 수 있음을 믿을 수 있다.

부르심은 거룩함의 기준을 나타낸다. "너희를 부르신 거룩한 이처럼 너희도 거룩한 자가 되라." 하나님과 사람에게 서로 다른 기준이 있는 것이 아니다. 햇빛이건 촛불이건 빛의 속성은 같은 것처럼말이다. 거룩함이 거하는 장소가 하나님이든 사람이든 그 본질은 변하지 않는다. 예수님은 "하늘에 계신 너희 아버지의 온전하심과 같이 너희도 온전하라"고 하셨다. 하나님께서 우리를 거룩하게 하려고부르신 것은 우리를 그 자신과 그 생명으로 부르신 것이다. 우리가그분의 목소리를 더 주의 깊게 듣고, 그 음성이 마음속에 자리 잡게하면 할수록 인간의 기준은 우리에게서 더 멀어지고 "내가 거룩하니너희도 거룩할지어다"라는 말씀만 들려올 것이다.

부르심은 거룩함의 길을 보여준다. 하나님의 부르심은 강력한효능이 있는 실제적인 부르심이다. 하나님께 귀를 기울이면 그분의능력으로 그 부르심이 역사할 것이다. 하나님은 죽은 자들에게 생명을 주시며 생명을 준 자들에게 거룩함을 주신다. 하나님은 우리가 그분의 거룩하심에 대해 말씀하시는 바를 듣고 우리도 그와 같이 거룩하라고 하신다. 하나님은 우리를 그분의 거룩하심을 묵상하고 경외하며 사랑하고 요구하라고 그 자신에게로 부르신다.

하나님은 우리를 그리스도께로 부르신다. 그리스도 안에서 하나님의 거룩하심이 인간의 거룩함이 되었으므로 우리를 위해 준비된 모든 것을 알고 그것을 동경하며 갈망하고 받아들이라고 하신다. 하나님은 거룩하신 성령의 내주하심과 가르치심으로 우리를 인도하시고, 우리 자신을 그분께 드림으로써 그분의 나라를 이루시며, 그리스도 안에서 우리에게 예정된 것을 말씀하기 원하신다. 그리스도인이여, 당신을 거룩함으로 부르시는 하나님의 음성을 들어라. 와서 그분의 거룩하심이 무엇인지, 당신의 거룩함이 무엇인지, 그리고 그것이 어떠해야 하는지 배워라.

잠잠히 귀 기울여라. 하나님께서 아브라함을 부르실 때 아브라함은 "내가 여기 있나이다"라고 대답했다. 하나님께서 떨기나무에서 모세를 부르실 때 모세는 "내가 여기 있나이다"라고 대답하는 동시에 하나님을 바라본다는 두려움으로 얼굴을 가렸다. 지금 하나님께서 당신을 거룩하게 하시기 위해 거룩하신 이에게로 친히 부르고 계신다. 당신의 온 마음으로 대답해야 한다. "내가 여기 있나이다. 주여, 말씀하소서. 당신의 얼굴을 보이소서. 주여!"

귀를 기울이면 그분의 음성이 훨씬 깊고 세미하게 들려올 것이다. "내가 거룩하니 너희도 거룩할지어다. 내가 거룩하므로 너희도 거룩할지어다." 당신은 광대한 영원에서부터, 구속받은 장로들의 공회로부터 나오는 한 음성을 듣게 될 것이다. 그 아련한 속삭임은 "내가 거룩하니 너희도 거룩할지어다"라는 말씀일 것이다. 당신은 창조주가 낙원에서 일곱째 날을 거룩하게 하시고 친히 창조한 사람에게 말씀하신 소리를 들을 것이다. "거룩하게 하라." 당신은 시내산에서 우레와 번개 가운데 한 음성을 들을 것이다. 그 목소리 역시 "내가 거룩하니 너희도 거룩할지어다"라는 말씀이다. 당신은 갈보리에서 한목소리를 들을 것이다. 그 무엇보다 "내가 거룩하니 너희도 거룩할지어다"라는 말씀이다.

하나님의 자녀여, 당신은 하나님으로부터 그 음성을 들은 적이 있는가? 사실 우리에게는 거룩함보다 행복이, 성화보다 구원이 우선이었다고 고백해야 하지 않겠는가? 그러나 그 잘못을 바로잡아서 회복하기에 아직 늦지 않았다. 당신을 가까이 이끄는 그 목소리에 귀를 기울이고 거룩함이 무엇인지 깨달아라. 아니, 그보다 하나님을 찾고 그분이 거룩하신 분임을 알라. 하나님께 다가가는 첫 순간이 부끄러움과 혼란으로 가득하고 우리를 두렵고 움츠러들게 할지라도 여전히 그 목소리에 귀 기울여라.

"내가 거룩하니 너희도 거룩하라." "너희를 부르신 이는 미쁘시니 그가 또한 이루시리라." 우리의 모든 두려움과 의문이, 우리로 하여금 그분의 거룩하심을 함께 공유하게 하시기 위한 이 한 가지 목적을 마음에 품으신 하나님과 만나게 할 것이다. 우리를 부르시는 그 거룩한 목소리를 듣기 위해 우리의 영혼을 깊은 고요함 속으로 이끈다면 그 음성이 우리 안에 새로운 열망과 강한 믿음을 일깨우고, 모든 언약 중 가장 귀중한 하나님의 부르심이 우리의 것이 될 것이다. "내가 거룩하니, 너희도 거룩할지어다."

고린도에 있는 하나님의 교회, 곧 그리스도 예수 안에서 거룩하여지
고 성도라 부르심을 받은… 모든 자들에게. 고린도전서 1:2. 그리스
도 예수 안에서 빌립보에 사는 모든 성도와 또한 감독들과 집사들에
게 편지하노니. 빌립보서 1:1. 그리스도 예수 안에 있는 성도에게 각
각 문안하라. 빌립보서 4:21.

'거룩함'과 '그리스도 안에서'라는 말은 아마도 성경 전체에서
가장 놀라운 말일 것이다. 거룩함은 스랍들(하나님의 보좌 주의에서
하나님을 섬기는 여섯 날개를 가진 천사들. 사 6:1-2)조차 얼굴을
가리고 말할 만큼 심오한 의미가 있다. 거룩함은 하나님의 모든 완
전성이 집중되고 그분의 영광이 흘러나오는 말이다. 거룩함은 영원

하신 하나님께서 사람들을 향해 품고 계시는 목적을 드러내며 다가올 영원한 나라에서 사람들이 취할 수 있는 최고의 영광, 즉 하나님의 거룩하심에 참여하는 자가 될 것을 예언하는 말이다.

또한 '그리스도 안에서'라는 말에는 하나님의 모든 지혜와 사랑이 나타난다. 아버지는 그분의 아들이 우리와 하나가 되게 하셨다. 아들은 십자가에서 죽음으로써 우리를 하나님과 하나가 되게 하셨다. 아버지의 성령은 우리 안에 거하셔서 그 연합을 성립시키고 유지하게 하신다. 그러므로 '그리스도 안에서'라는 말보다 구속이 이루어낸 모든 일을 더 잘 요약할 수 있는 말이 있을까? 그리스도 안에 하나님의 자녀에게 허락된 측량할 수 없이 복된 삶이 있다. '그리스도 안에서'는 우리가 이 땅에서 배워야 할 한 가지 가르침이며, 우리의 모든 필요와 기도에 관한 하나님의 응답이자 영원한 영광의 보증과 전조이다.

'그리스도 안에서 거룩함.' 이 두 단어의 결합은 얼마나 풍성한 의미와 축복을 담고 있는가! 여기에 우리의 거룩함을 위한 하나님의 예비하심과 우리가 어떻게 거룩해질 수 있는가에 관한 하나님의 대답이 있다. 사실 우리가 "내가 거룩하니 너희도 거룩할지어다"라고 하시는 하나님의 부르심을 듣는 순간, 하나님과 인간의 거룩함 사이에 마치 광대한 틈이 있는 것처럼 느껴진다. 그러나 그리스도라는 다리가 그 틈을 연결하고 그분의 온전함으로 채우신다.

그리스도 안에서 하나님과 사람이 만난다. 거기서 하나님의 거룩하심이 우리를 찾으시고 그분의 소유로 삼으시며 인간화되고 사실상 우리의 것이 되었다. 그리스도를 믿으면서도 아직 거룩해지는 것에 관해 알지 못하는 수많은 목마른 영혼들의 간절한 울부짖음과 갈망에 관한 하나님의 응답은 이것이다. "너는 그리스도 안에서 거룩하다." 우리는 이 말씀에 귀를 기울이고 믿어야 한다. 하나님의 빛이 비추고 당신의 마음이 기쁨과 사랑으로 가득할 때까지, 그리고 그 말씀이 다시 울려올 때까지 수천 번이라도 되뇌고 되뇌어야 한다. "마침내 나는 깨달았다. 그리스도 안에서 나는 거룩하다. 그리스도 예수 안에서 거룩하여졌다"라고 고백할 수 있을 때까지.

이 놀라운 말씀을 살펴보면서 하나님만이 우리에게 거룩함이 진정 무엇인지 나타내실 수 있음을 기억하라. 자기의 생각을 경계하고 자기의 지혜를 못 박아라. 자기를 복종시켜 우리에게 내주하셔서 일하시는 하나님의 생명의 능력으로 말미암아 우리가 생각할 수 있는 것 이상으로 깊고 진실하신 그리스도를 우리의 거룩함으로 삼아라. 거룩하신 성령의 가르침을 의지하면서 성경이 우리에게 말씀하시는 것을 겸허히 받아들여라. 옛적부터 거룩하신 분의 계시는 매우 느리고 점진적이었다. 그러므로 이제 한 걸음씩 인내심을 갖고 말씀을 통해 비추는 빛의 행로를 따르자. 그것은 완전에 이르기까지 점점 더 밝게 빛날 것이다.

먼저 우리는 구약에 나타난 거룩함의 개념을 살펴보아야 한다. 이스라엘 민족은 거룩한 백성으로서 오늘날 그리스도 안에서 거룩해진 우리의 전형이다. 우리는 그들을 통해 하나님께서 사람들이 어떤 모습으로 변화되기 원하셨는지 이해할 수 있는 온전한 표상을 보게 될 것이다. 우리는 율법을 보면서 어떻게 거룩함으로 구원에 이르며 어떻게 그 거룩함이 구원의 준비를 위한 가장 큰 중심이 되었는지 깨닫게 될 것이다. 우리는 예언서들 속에서 구속의 역사를 흘려보내는 원천으로 나타난 하나님의 거룩하심을 볼 수 있다. 그러나 거룩하신 하나님께서 사랑의 약속을 이행하고 의를 수호하시면서 자신을 자신 백성의 하나님으로 나타내신 거룩하심은 더욱 크다.

구약에서 거룩함의 깊은 뜻이 발견되기 시작하고 그 축복의 필요가 깊이 나타났다면 우리는 그 필요가 어떻게 채워졌는지 알기 위해 신약으로 돌아가야 한다. 하나님의 거룩하신 자인 그리스도 안에서 하나님의 거룩하심이 인간의 삶과 인간의 본성 속에서 발견될 것이다. 거룩하신 그분은 십자가의 희생으로 자신을 죽음에 내어주셨고 씨앗처럼 죽음을 통해 그 거룩함이 다시 살아나서 우리 안에서 재생되었다.

하나님의 거룩하신 영은 보좌로부터 나와 눈에 보이지 않는 그리스도를 드러내고 보여주고 이해시켜 주신다. 그리스도의 거룩한 생명은 거룩함이라는 선물로 그분의 백성을 보존시키고 소유하며 그들과 하나가 된다. 구약에서 '거룩함'보다 더 뛰어난 말이 없듯이 신약에서 '그리스도 안에서'보다 더 심오한 말은 없다. 그분 안에 거하고 그분과 동행하며 그분에게 뿌리박고 그분 안에서 그분에게까지 자라는 것, 이 모든 것이 인간의 언어를 통해 우리와 우리의 구속자 사이의 놀랍고도 온전한 조화를 가능한 우리에게 가장 가까이 다가오게 하신 하나님의 표현법이다.

구약은 우리에게 '거룩함'이 무엇을 의미하는지 가르쳐준다. 신약은 '그리스도 안에서'의 의미를 가르쳐준다. 이 두 가지 표현의 결합은 하나님의 말씀 속에서 그분이 그 사랑으로 말미암아 우리에게 주신 위대한 구속을 가장 완전하게 요약한 것이다. 하나님께서 그분의 아들을 통해 우리에게 예비하신 거룩함의 변함없는 확실성과 놀라운 충족함, 무한한 유효성이 모두 이 복된 "그리스도 안에서 거룩함"이라는 말씀에서 드러난다.

"그리스도 예수 안에 있는 성도들!" 그리스도인으로서 이 이름은 우리가 성경을 통해 성령 안에서 갖는 이름이다. 그리스도 안에서 우리가 거룩하다고 한 말씀은 단순한 교리의 진술이 아니다. 그것은 우리가 부여받은 심오한 신학적 토의 대상도 아니다. 오직 하나님께서 깊은 사랑으로 그분의 사랑하는 자녀들을 일컫는 음성이다. 그것은 하늘 아버지께서 그분의 자녀들을 부르시는 이름이다. 그 이름은 우리를 거룩하게 하시려는 하나님의 뜻을 보여준다. 그것은 하나님께서 우리에게 주신 것과 우리가 누구인지, 하나님께서 우리 안에서 역사하시려는 일이 무엇인지, 우리로 개인적이면서도 실제로 소유하도록 허락하신 것이 무엇인지 나타내신 것이다. 감사로 수용하고 기쁨으로 고백하고 신실하게 구해야 하는 그 이름은 우리가 부름받은 대로 거룩함에 이르게 하는 힘이자 보증이다.

우리는 이 모든 하나님의 가르침이 세 가지 위대한 교훈 속에 포함되어 있음을 깨닫게 된다. 첫째는 "나는 거룩하다"라는 계시이다. 둘째는 "너희도 거룩할지어다"라는 명령이다. 마지막 셋째는 그 둘 사이를 연결하는 것으로 "그리스도 안에서 우리는 거룩하다"라는 선물이다.

첫 번째로 "나는 거룩하다"라는 계시이다. 우리는 무릎 꿇고 경배하는 마음과 깊은 겸손으로 이 계시를 고찰해야 한다. 만약 우리가 거룩함이 무엇인지 알고자 한다면 하나님께서 직접 우리에게 그분을 나타내셔야 한다. 우리는 우리 본성의 심히 부정함과 그 본성에 속한 모든 모습을 깨달아야 한다. 거룩하신 하나님께서 친히 자신을 나타내 보이셨을 당시의 모세와 이사야처럼 우리도 경외함으로 떨어야 한다. 우리는 성령의 불로 깨끗함을 받지 않고는 하나님과 교제를 나누거나 그분을 알 자격이 전혀 없음을 고백해야 한다. 우리가 가진 지혜나 이성으로 하나님을 알 수 없음을 철저히 깨닫고, 자기 자신이나 자신의 힘과 노력에서 벗어나 회개하는 심령을 가지고 우리 영혼이 하나님을 거룩하신 자로 나타내기 위해 하나님의 영, 거룩함의 성령에 굴복해야 한다.

그리고 영원하신 의의 하나님, 죄에 대해 불타오르는 격노를 발하시면서 죄인들을 죄에서 자유롭게 하고, 그분의 완전하심으로 인도하기 위해 무한한 희생적 사랑을 주시는 하나님을 알게 되면서부터 우리는 이 영화로운 하나님을 동경하고 예배하게 될 것이다. 또한 스스로 얼마나 하나님의 형상에 이르지 못하고 있는지를 깨닫고 통회하고 그분의 거룩함에서 나오는 아름다움과 축복을 갈망하고 간구하게 될 것이다.

그 후에야 "내가 거룩하니 너희도 거룩할지어다"라는 명령은 새로운 의미로 다가올 것이다. 하나님의 명령에 순종하기로 고백한 당신은 모든 것을 초월하고 전부를 포함하는 이 명령을 그 마땅한 대로 당신의 삶과 마음의 최우선으로 삼을 것이다. 하나님의 거룩하심을 따라 거룩하라. 그분이 거룩하시므로 거룩하라. 아마 당신이 더 많이 묵상하고 연구하면 할수록 거룩함의 이 심오한 의미를 더 파악하기 어려울 것이다. 아마도 때때로 그것을 더 많이 이해할수록 거룩함이 너무나 신성하므로 오히려 그것을 깨닫고자 하는 마음을 단념할 것이다.

그러나 그런 절망과 좌절은 단지 그 명령을 행할 때가 되었음을 나타낼 뿐이다. 그러므로 우리는 자기 자신의 선함은 물론이며 지혜도 버릴 수 있어야 한다. 거룩하신 분이 요구하는 거룩함이 인간의 지식과 능력을 얼마나 전적으로 초월한 것인지를 알도록 가난한 심령으로 하나님께 가까이 나아가야 한다. 하나님은 자기를 버리고 육체를 신뢰하지 않는 영혼에 그분이 요구하시는 거룩함을 나타내 보이시고 베풀어주실 것이다.

그러면 마침내 '그리스도 안에서 거룩함'이라는 이 위대한 선물에 관한 이해와 수용을 할 수 있게 된다. 그리스도는 하나님의 거룩하심을 인간의 행위와 관계로 나타내심으로써 우리에게 더 가까이 이끄셨다. 그리스도는 거룩함과 우리, 하나님과 인간 사이의 장벽을 제거하시고 거룩함이 우리의 손이 닿는 곳에 있게 하셨다. 그리스도는 우리와 하나가 되기 위해 거룩함을 인간들 가까이로 이끄셨다.

"그리스도 안에서 거룩하다." 우리가 그리스도 안에 있기에 하나님에 의해 거룩함을 부여받고 그분의 거룩함이 전가되며 그것이 우리 안에서 능력 있게 역사하고 있다. 이 놀라운 내주하심은 우리의 생명이 그리스도의 생명에 뿌리박고 있음을 보여준다. 아버지 하나님의 거룩하신 아들이자 종은 이 땅에서 아름다운 사랑과 순종의 삶을 사셨고 우리를 위해 자기 자신을 희생하셨다. 그런 그리스도의 삶은 우리가 심고 뿌리 내려진 토양이다. 우리는 그 토양에서 그 모든 특성과 성질을 공급받는다.

'그리스도 안에서'라는 말씀은 "내가 거룩하다"라는 하나님의 계시와 "너희도 거룩할지어다"라는 명령에 빛을 비춘다. 우리는 그리스도 안에서 하나님의 거룩하심과 우리의 거룩함을 볼 수 있다. 그 안에서 하나님과 나의 거룩함이 통일되며 나의 것이 된다. 그 안에서 나는 거룩하다. 나는 그분과 동행하고 그 안에서 자람으로 하나님께서 거룩하시듯 모든 삶의 모습에서 거룩할 수 있다.

이에 모세가 이르되 내가 돌이켜 가서 이 큰 광경을 보리라. 떨기나
무가 어찌하여 타지 아니하는고 하니 그때에 여호와께서 그가 보려
고 돌이켜 오는 것을 보신지라. 하나님이 떨기나무 가운데서 그를
불러 이르시되 모세야 모세야 하시매 그가 이르되 내가 여기 있나이
다. 하나님이 이르시되 이리로 가까이 오지 말라. 네가 선 곳은 거룩
한 땅이니 네 발에서 신을 벗으라. …모세가 하나님 뵈옵기를 두려
워하여 얼굴을 가리매. 출애굽기 3:3-6.

그곳이 왜 거룩한 땅이었을까? 그것은 바로 하나님께서 계신 자
리였기 때문이다. 하나님께서 계신 곳에는 거룩함이 있다. 거룩하게
하는 것은 하나님의 임재이다. 이것은 에덴동산에서 사람이 창조되

었을 때 우리가 깨달은 진리이다. 성경에서 거룩함이라는 단어가 두 번째로 등장한 출애굽기에는 하나님께서 거하시는 곳이 거룩하다는 사실이 반복되며 그 의미 또한 더 분명히 나타난다. 하나님께서 불붙은 떨기나무에서 주신 말씀을 주의 깊게 묵상하면 그 심오한 의미를 더욱 잘 알게 될 것이다. 그 거룩한 땅에서 나타난 거룩한 역사와 하나님의 계시는 무엇인지, 또한 모세가 우리에게 말해주고자 하는 것은 무엇인지 찬찬히 알아보자.

첫째, 그 땅은 거룩하신 분으로서 하나님을 인간에게 처음으로 직접 나타내신 거룩한 역사적 장소라는 사실에 주목하라. 우리는 낙원에서 거룩함이라는 단어가 일곱째 날에 사용되었다는 것을 알았다. 우리는 하나님께서 안식일을 거룩하게 하신 것이 전능하신 창조주가 거룩하게 하는 일을 행하시는 거룩하신 주라는 사실을 나타내며 이 새로운 섭리를 약속하기 위한 것임을 깨달았다.

그러나 창세기 전체에서 거룩함이라는 말은 다시 찾아볼 수 없다. 마치 하나님의 거룩하심이 잠시 중단된 것처럼 보인다. 그러나 모세를 부르신 출애굽기에서 그 말이 다시 등장한다. 이것은 매우 중요한 사실이다. 부모나 교사가 어린아이에게 한 번에 한 가지씩 가르쳐주는 것처럼 하나님도 인간을 그렇게 교육하신다.

하나님은 죄에 대한 그분의 의로운 심판을 보이신 대홍수사건 이후에 택한 백성의 조상이 될 아브라함을 부르셨다. 그리고 그 백성을 가르치시는 한 가지 원칙으로써 아브라함과 그의 씨에게 먼저 어린 아이 같은 신뢰를 가르치셨다. 하나님을 전능하신 분으로 믿으면 그 무엇도 그다지 경이롭지 않으며, 하나님을 신실하신 분으로 믿으면 한 번 맹세하신 것은 절대로 깨지지 않음을 알게 되는 것이다.

우리는 이스라엘이 하나의 민족으로 성장하자 새로운 단계로 이끄시는 하나님의 계시를 본다. 어린아이의 단순함은 청년의 변덕스러움에 이르렀고 이제 하나님께서 훈계와 율법의 통제로 간섭하셔야 할 때가 왔다. 그들이 하나님을 아버지로 믿음으로 권리를 얻으신 하나님은 그들을 위해 더욱 깊은 계시를 마련하셨다. 아브라함의 하나님께 가장 두드러진 속성은 전능하신 하나님이었다. 이스라엘의 하나님 여호와께 그것은 거룩하신 하나님이었다.

이제 막 시작하려는 새 시대의 특징은 무엇이며 거룩함이라는 말이 나타내려고 하는 것은 무엇일까? 하나님은 모세에게 새로운 모습의 하나님을 나타내려고 하셨다. 아브라함에게는 전능하신 하나님, 언약의 하나님이었다(출 6:3-4). 이제는 일을 이루시는 하나님, 특히 그분이 아브라함에게 예언하신 것처럼 속박으로부터 그분의 백성을 구원하고 해방하시는 여호와로 나타나려고 하셨다. 전능하신 하나님은 창조의 하나님이시다.

아브라함은 '죽은 자를 살리시며 없는 것을 있는 것으로 부르시는' 하나님을 믿었다. 여호와는 구원과 거룩함의 하나님이시다. 아브라함과 관련해서는 죄나 범죄라는 말이 없었고, 따라서 구원이나 거룩함이라는 말도 없었다. 이스라엘에 율법이 죄를 확정하게 하려고 주어진 것은 구원의 길을 마련하기 위함이었다. 지금 이스라엘에 나타나신 하나님은 거룩하신 여호와, 곧 구원자이시다. 그 땅을 거룩하게 하는 것은 이 거룩하신 분의 임재 때문이다.

둘째, 하나님의 임재하심은 어떻게 나타나는가? 하나님은 불이 붙은 떨기나무에서 불 가운데 거하시는 분으로 자신을 나타내셨다. 성경의 다른 곳에서는 불과 하나님의 관계가 더욱 분명하게 표현되었다. "이스라엘의 빛은 불이 되고 그의 거룩하신 이는 불꽃이 되실 것이니라"(사 10:17). 불의 본질은 유익할 수도 파괴적일 수도 있다. 가장 거대하고 핵심적인 불인 태양 역시 생명과 풍작을 줄 수도 있지만 반대로 그것들을 태우고 죽게 할 수도 있다. 모든 것은 얼마나 올바른 위치에 자리하고 있느냐에 달려 있다.

또한 거룩하신 하나님께서 나타나시는 곳은 어디든지 두 가지 면을 함께 찾아볼 수 있다. 바로 죄 가운데 거하는 죄인들을 벌하시는 죄에 관한 심판자로서 하나님의 거룩하심과 자기 백성을 그 죄로부터 자유롭게 하시는 자비하심이다. 심판과 자비는 영원히 함께한다. 자연의 속성 중에서 불만큼 숭고하고 강력한 에너지를 가진 것도 없다. 불은 그 태우는 것과 연합해서 그 고유한 성질로 변화를 일으키고 동화될 수 없는 연기와 재를 내던진다. 마찬가지로 하나님의 거룩하심 역시 그 피조물과 교제하고 그분과 연합하도록 이끌면서 그분께 굴복하지 않는 모든 것을 멸하고 물리치고 그것으로부터 멀리하신다.

그 때문에 하나님은 이 새로운 구속의 시기가 도래하는 시점에서 자신을 불 속에 거하는 자, 불이신 자로 나타내셨다. 앞서 말했듯이 아브라함과 족장들에게는 죄나 구속에 관한 가르침이 거의 없었고 하나님의 친밀함과 교제가 나타났다. 그러나 이제 율법이 주어질 것이고 죄가 드러나서 사람에게 자기 자신을 알고 죄를 깨달아 하나님의 거룩하심을 입기를 갈망하고 배우게 하려고 하나님과 거리가 느껴지게 할 것이다.

우리는 하나님의 모든 자기 계시에서 거부하고 끌어당기는 두 가지 요소의 조화를 발견하게 된다. 하나님은 하나님의 집에서 이스라엘의 한가운데 거하실 것이며, 휘장에 가려진 채 가장 거룩하신 그분의 장엄하고 접근할 수 없는 고독과 캄캄함 가운데 계실 것이다. 하나님은 그들에게 가까이 다가오시면서도 멀리하실 것이다. 하나님의 거룩하심을 묵상하면서 우리는 어떻게 그것이 불과 같이 물리치기도 하고 끌어당기기도 하는지, 어떻게 그분의 막대한 거리감과 막대한 가까움을 하나로 결합하는지 점점 더 분명히 깨닫게 될 것이다.

셋째, 그러나 무엇보다 그 거리감이 가장 먼저, 그리고 가장 현저히 나타나게 될 것이다. 우리는 모세를 통해 이를 깨닫는다. 그는 하나님을 뵙는 것이 너무나 두려워 얼굴을 가렸다. 하나님의 거룩하심을 마주하는 첫인상은 두려움과 경외심이다. 피조물과 죄인으로서 사람에게 하나님께서 자기보다 얼마나 높으신지, 자기가 하나님과 얼마나 다르고 차이가 나는지 깨닫기 전까지 하나님의 거룩하심은 진정한 가치나 매력이 없을 것이다. 그러나 얼굴을 가린 모세는 거룩하신 분께 가까이 다가가는 것이 어떤 결과를 낳는지와 하나님에 대해 더 깊은 계시를 깨닫는 길임을 보여준다.

이 의미가 하나님의 말씀을 통해 얼마나 더 분명하게 다가오는지 보라. "이리로 가까이 오지 말라. 네가 선 곳은 거룩한 땅이니 네 발에서 신을 벗으라." 그렇다. 하나님은 가까이 오셨지만 모세는 그렇게 할 수 없었다. 하나님께서 가까이 오시는데 사람은 뒤로 물러서야 한다. 하나님은 한자리에서 가까이 오라는 말씀과 가까이 오지 말라는 말씀을 하셨다. 우리가 먼저 "이리로 가까이 오지 말라"는 말씀을 듣지 않으면 하나님을 알 수도, 그분께 가까이 갈 수도 없을 것이다. 죄에 관한 의식, 하나님을 대면할 수 없는 추악함의 발견은 하나님을 거룩하신 분으로 진정으로 깨닫고 예배드리기 위한 토대이다.

"네 발에서 신을 벗으라." 신발은 세상과 접촉하는 수단이며 육체와 본성의 뜻에 따라 움직이고 일하게 하는 보조기구이다. 거룩한 땅에 설 때는 이 모든 것을 버려야 한다. 사람은 맨발로, 모든 허식을 벗은 채 거룩하신 하나님 앞에 무릎을 꿇어야 한다. 우리에게 거룩하신 하나님께 가까이 갈 수 있는 자격이 전혀 없으며, 그분과 교제할 수 있는 아무런 근거도 없다는 것은 하나님의 거룩하심에 참여하기 위한 첫 번째 가르침이다.

"벗으라"는 말씀은 "옛사람을 벗어버리고 주 예수 그리스도로 옷 입으라"는 위대한 말씀과 "그리스도의 할례로 육체의 몸을 벗으라"는 말씀의 의미를 충분히 이해할 때까지 우리의 존재 가운데 그 능력을 행사해야 한다. 그렇다. 거룩하신 하나님께서 우리에게 자신을 알리시기 위해 우리는 육체와 본성에 속한 모든 것, 일상에서 행하고 의도하고 일하는 모든 것을 벗고 자신에 내어주어야 한다.

앞서 거룩함은 선함이나 죄로부터 자유로움 이상이라고 했다. 타락하지 않은 자연도 거룩하지는 않다. 거룩함은 하나님을 그 모든 피조물과 구분되게 하는 경이로운 영광이다. 그래서 스랍들조차 삼위일체 하나님을 거룩하다고 찬송할 때 그 날개로 얼굴을 가렸다. 그러나 그 차이와 거리가 피조물이 아닌 죄인들만의 것이라면 거룩하신 하나님의 목소리 앞에 무릎을 꿇어야 하는 자기의 굴욕감과 두려움과 수치스러움을 누가 깨닫고 표현할 수 있겠는가?

안타깝도다! 이것은 우리를 가로막는 죄의 가장 끔찍한 영향력 가운데 하나이다. 우리는 죄와 죄의 본성이 하나님께서 보시기에 얼마나 악하고 혐오스러운지 모른다. 우리는 하나님의 거룩하심을 깨달을 힘을 잃어버렸다. 이방의 철학에서는 그들이 믿는 신의 도덕적인 성품에 관한 표현에서 거룩함이라는 단어를 찾아볼 수 없다. 하나님 영광의 빛을 잃어버린 우리는 죄를 알 만한 능력을 잃어버렸다.

그러므로 우리를 가까이 이끌기 위한 하나님의 최초 사역은 우리로 죄를 깨닫게 함으로써 본연의 모습 그대로는 그분께 가까이 갈 수 없도록 하시는 것이었다. 가장 합법적이고 가장 필요하다고 생각되는 모든 것을 벗어버리고, 심지어 죽음까지 불사하는 매우 실제적이고 엄숙한 벗어버림이 있어야 할 것이다. 우리가 신은 신발만이 이 죄악 가득한 세상과 접촉으로 더러워져 있는 것이 아니다. 마음의 눈과 인간의 모든 지혜와 이성의 상징인 우리의 얼굴도 가려져야 거룩하신 분을 볼 수 있다.

개인적인 거룩함을 배우는 첫 번째 수업은 하나님의 거룩하심 앞에서 두려워하고 우리의 얼굴을 가리는 것이다. "지극히 존귀하며 영원히 거하시며 거룩하다 이름하는 이가 이와 같이 말씀하시되 내가 높고 거룩한 곳에 있으며 또한 통회하고 마음이 겸손한 자와 함께 있나니"(사 57:15). 통회하는 마음, 상한 심령, 경외심과 두려움은 하나님의 거룩하심을 보기 원하는 사람들에 대한 하나님의 첫 번째 요구이다.

모세는 하나님의 거룩하심을 전한 최초의 전도자가 되었다. 그리스도 안에서 우리에게 그 거룩하심을 온전히 전하기 위해 하나님께서 가장 먼저 모세에게 나타나신 것은 본보기와 보증이 되었다. 모세의 입으로부터 이스라엘 민족이, 후에는 그가 쓴 글로부터 그리스도의 교회가 "내가 거룩하니 너희도 거룩하라. 나는 거룩하게 하는 자이다"라는 메시지를 받게 되었다. 거룩하신 분의 사자가 되기 위한 그의 준비는 여기, 하나님을 보기가 두려워 얼굴을 가렸던 곳에서 시작되었다. 얼굴을 가리고 신발뿐 아니라 이 세상과 자기와 죄와 접촉한 모든 것을 벗어버림으로써 우리의 영혼은 하나님께서 거하시는 타오르지만 태우지 않는 불에 가까이 나아갈 수 있다.

거룩하신 하나님을 보기 원하는 모든 믿는 자들이 타오르는 떨기나무의 본보기가 어떻게 십자가에 못 박히신 그리스도로 성취되며 우리가 그분과 함께 죽을 때 어떻게 불로 세례를 받게 되는지 깨닫게 되기를 원한다. 그 순간 우리 각자는 떨기나무에 거하시는 거룩하신 하나님을 깨닫게 될 것이다. 그때 비로소 우리는 하나님께서 거룩하시듯이 내가 거룩해지는 것이 어떤 것인지를 알 수 있게 된다.

태에서 처음 난 모든 것은 다 거룩히 구별하여 내게 돌리라. 출애굽기 13:2. 처음 태어난 자는 다 내 것임은 내가 애굽 땅에서 그 처음 태어난 자를 다 죽이던 날에 이스라엘의 처음 태어난 자는 사람이나 짐승을 다 거룩하게 구별하였음이니 그들은 내 것이 될 것임이니라. 나는 여호와이니라. 민수기 3:13. 나는 너희의 하나님이 되려고 너희를 애굽 땅에서 인도하여 낸 여호와라. 내가 거룩하니 너희도 거룩할지어다. 레위기 11:45. 내가 너를 구속하였고 내가 너를 지명하여 불렀나니 너는 내 것이라. 이사야 43:1.

호렙산에서 타락한 인간에게 최초로 거룩함이라는 단어가 언급되었을 때 하나님의 새로운 역사인 구속의 역사가 도래하였다. 우리는 유월절을 통해 구원이 무엇인지 처음으로 알게 되었고 이때부터 거룩함이라는 단어가 좀 더 빈번하게 사용되기 시작했다. 무교절은 옛사람을 벗어버리고 새로운 사람으로 옷 입는 것을 상징하는데 이것으로 피를 통한 구원에 이르게 되었다. 그리고 우리는 다음과 같은 말씀을 읽게 된다. "너희에게 첫날에도 성회요 일곱째 날에도 성회가 되리니"(출 12:16).

구원받은 사람들이 그 구속의 사건을 기념하는 모임은 거룩한 모임이었다. 그들은 구속자인 거룩하신 하나님의 보호 아래 모였다. 이스라엘 민족이 애굽에서 해방되자마자 그들을 향한 하나님의 첫 번째 말씀은 "처음 난 모든 것은 다 거룩히 구별하여 내게 돌리라"는 것이었다. 이 말씀은 소유권이 어떻게 구원과 성화의 중심 개념 가운데 하나가 되는지 알게 해준다. 그 관계를 서로 결부시킨다.

또한 이 말씀은 당시에는 오직 장자들에게만 해당되었지만 장자는 곧 모든 백성을 상징하는 것으로 간주된다. 다시 말해, 먼저 장자들이 거룩하여졌고 그 후에는 모든 사람이 열방 가운데 하나님의 장자자 그분의 특별한 보물인 '거룩한 백성'이 되기 위한 예표로서 제사장들이 그 자리를 대신했다. 구원과 성화에 관련된 이 소유권의 개념은 하나님께서 장자와 제사장들의 자리바꿈을 말씀하셨을 때 더욱 분명하게 드러난다. "보라. 내가 이스라엘 자손 중에서 레위인을 택하여 이스라엘 자손 중에 태를 열어 태어난 모든 자를 대신하게 하였은즉 레위인은 내 것이라. 처음 태어난 자는 다 내 것임은 내가 애굽 땅에서 그 처음 태어난 자를 다 죽이던 날에 이스라엘의 처음 태어난 자는 사람이나 짐승을 다 거룩하게 구별하였음이니 그들은 내 것이 될 것임이니라. 나는 여호와이니라"(민 3:12-13).

구원과 거룩함 사이에 존재하는 관계를 이해하자. 우리는 에덴 동산에서 하나님께서 일곱째 날을 거룩하게 하신 것은 그것을 소유하시고 축복하시고 그 안에서 안식하시며 새롭게 하시기 위해서임을 안다. 하나님께서 거하시고 안식하시는 곳에는 거룩함이 있다. 하나님께서 들어가 거하시기에 합당하면 할수록 거룩함은 더 완전하다. 일곱째 날은 사람의 성화를 위한 시간이 되기 위해 거룩하여졌다. 하나님은 사람을 거룩하게 하기 위한 첫 번째 단계로 선악을 알게 하는 나무의 실과를 먹지 말라고 명령하셨으나 사람은 이 단계에서 넘어지고 말았다.

그러나 하나님은 그분의 계획을 포기하지 않으셨다. 다만, 이제 또 다른 좀 더 느린 단계를 밟으셔야 했다. 비록 느리지만 꼭 필요한 오랜 준비 세월을 거쳐 이제 하나님은 자신을 구원자로서 나타내셨다. 그분이 선택하고 조성하신 백성이 구원자를 갈망하고 받아들이게 하도록 압제와 노역을 허락하셨다.

하나님은 엄청난 이적을 여러 번 보이신 후에 자신이 원수의 정복자임을 입증하셨다. 또한 백성들이 문설주에 바른 유월절 어린양의 피로써 구원은 이 땅 위의 불공평한 압제자로부터, 그들의 죄 탓에 마땅히 치러야 하는 의로운 심판으로부터 해방되는 것임을 가르치셨다. 유월절은 그들을 가시적이고 일시적인 것으로부터 불가시적이고 영적인 것으로 이동시키기 위한 것이었으며, 하나님을 속박의 땅에서 파멸시키는 천사로부터 풀어주시는 전능하실 뿐 아니라 거룩하신 분으로 나타내시기 위한 것이었다.

하나님은 이처럼 백성들을 구원하신 후에 이제 그들이 자신의 소유라고 말씀하셨다. 그 결과 백성들이 시내산이나 광야에서 지낼 때 자신들이 이제 하나님의 백성으로서 하나님께서 자신이 거룩하심같이 그들도 거룩하게 하시려고 그분 팔의 강한 힘으로 구원하셨다는 생각이 지속해서 떠나지 않았다. 구속하심의 목적은 소유이며, 소유하심의 목적은 구원자이자 주인이신 그분의 형상을 닮게 하는 것이다. 그 형상은 거룩함이다. 이 거룩한 구속의 결과, 거룩함을 얻는 방법으로 장자의 구별은 우리에게 다음과 같은 것을 가르쳐준다.

말씀을 통해 얻는 첫 번째 교훈은 구원과 거룩함이 상당히 불가분의 관계라는 것이다. 그 두 가지는 다른 한 가지 없이 존재할 수 없다. 구원만이 거룩함으로 이끈다. 거룩함을 구한다면 먼저 내가 구원받아 하나님께서 소유하고 내주하신다는 사실을 분명하고도 확실히 인지하고 있어야 한다. 구원을 무엇인가로부터 해방되었다는 부정적인 측면으로 보는 경향이 많다. 그러나 구원의 실제적인 영광은 자기 자신을 도로 찾는다는 긍정적인 요소에 있다. 어떤 집을 완전히 소유하려면 그것을 점거해야 한다. 내가 집을 소유했지만 아무도 거주하고 있지 않다면 모든 더러움과 악의 본거지가 될 것이다.

하나님은 나를 구속하시고 완전히 소유하시기 위해 나를 처소로 삼으셨다. 그분은 나의 영혼에 "너는 내 것이라"고 말씀하시고 그분의 소유권이 인정되며 온전히 그것을 나타내기 원하신다. 하나님께서 들어가셔서 온전하게, 그리고 전부를 소유하시는 장소에는 완전한 거룩함이 있을 것이다. 하나님께서 나에 대한 권한과 능력을 가지시는 것은 구원하셨기 때문이다.

구원은 하나님께서 나를 소유하고 축복하시기 위해 내게 자유를 준다. 하나님의 능력이 나의 안에서 역사할 것이라는 모든 확신과 경험을 가져오는 순간은 나의 영혼이 구원으로 가득 채워지고 깨달아질 때이다. 하나님 안에서 구원과 성화는 하나이다. 하나님의 동행하심에 관한 확신으로 구원의 개념이 나를 장악하면 할수록 나는 거룩하신 구원자 하나님께 더 가깝게 연결된다.

거룩함만이 구원에 대한 확신과 기쁨을 가져온다. 내가 구원을 더 열등한 것으로 이해하려고 한다면 아마 기만당하게 될 것이다. 만약 방심하거나 부주의하면 구원의 목적으로써 거룩함을 구원과 별개로 생각하게 되므로 근심하게 될 것이다. 하나님은 이스라엘에 다음과 같이 말씀하셨다. "나는 너희의 하나님이 되려고 너희를 애굽 땅에서 인도하여 낸 여호와라. 내가 거룩하니 너희도 거룩할지어다." 우리를 자기 백성으로 삼으신 자는 구원자 하나님이시다. 그분은 우리에게 거룩하라고 명령하신다. 그러므로 우리는 거룩함을 우리의 가장 본질적인 것으로, 구원의 가장 중요한 요소로 삼아야 한다. 나를 그분의 것으로 취하신 하나님께 온전히 드리고 완전히 그분의 소유로 만드시도록 나 자신을 맡겨야 한다.

말씀을 통해 얻는 두 번째 교훈은 성화의 과정에서 하나님과 인간의 역할이다. 하나님은 모세에게 말씀하셨다. "처음 난 모든 것은 다 거룩히 구별하여 내게 돌리라." 그 후에 또 말씀하셨다. "내가 모든 장자를 나 자신을 위해 구별하였다." 하나님께서 행하신 일들은 우리를 통해 행해지고 적용되게 하기 위한 것이다. 하나님께서 우리를 그리스도 안에서 거룩하여진 그분의 거룩한 소유라고 하신 것은 그분의 목적하신 바를 말씀하신 것일 뿐 아니라 실제로 이루신 일들이 무엇인지를 말씀하신 것이다.

우리는 그리스도께서 단번에 자신을 드림으로 거룩하여졌으며 그 안에서 새로운 존재로 창조되었다. 그러나 이 일은 인간의 역할을 요구한다. 우리는 "거룩하라. 그분의 거룩하심을 좇아라. 거룩함을 완성하라"는 부르심을 받았다. 하나님은 우리를 그분의 소유로 만드시고 우리로 그분의 것임을 고백하게 하셨지만 지금은 우리가 그분의 모든 거룩함으로 채워지기 위해 내면의 은밀한 장소를 하나님께 내어드릴 수 있도록 기다리신다.

거룩함은 우리가 하나님께 드리거나 그분을 위해 할 수 있는 일이 아니다. 거룩함은 우리 안에 하나님께서 거하시는 것이다. 하나님은 구원을 통해 우리를 소유하셨고 성화를 통해 그분이 우리의 것이 되게 하셨다. 거룩해지는 일에서 우리의 역할은 단지 전 생애를 드리는 것뿐이다. 삶의 모든 부분에서 거룩하신 하나님의 방법에 복종하고 모든 지체와 모든 힘을 그분의 제단 위에 올려놓는 것뿐이다.

이것은 우리에게 성화의 과정에서 순간적인 것과 점진적인 것, 한 번에 완전히 되는 것과 아직 불완전해 완전해질 필요가 있는 것 사이의 관계에 관한 질문에 해답을 준다. 하나님께서 정결하게 하시는 것은 하나님의 선물이며 그 존재는 하나님의 완전한 거룩하심으로써 거룩하게 된다. 사람은 하나님께서 거룩하게 만드신 것에 관해 그 거룩함을 인정하고 유지하고 실행함으로써 거룩해져야 한다.

하나님은 안식일을 거룩하게 하셨다. 사람도 그날을 거룩하게 해야 한다. 그 방법은 안식일을 거룩하게 지키는 것이다. 하나님은 장자를 그분의 소유로서 거룩하게 구별하셨다. 이스라엘은 그들을 구별해야 했으며 장자들을 거룩하게 대하고 하나님께 드려야 했다. 하나님은 거룩하시다. 우리는 그 거룩함을 인정하고 연모하며 경배함으로 그분을 거룩하게 해야 한다. 하나님은 그분의 위대한 이름, 거룩함이라는 이름을 거룩하게 하셨다. 우리는 하나님의 거룩하심을 나타내고 경외함과 믿음으로 그 이름을 부름으로써 거룩하게, 혹은 신성하게 해야 한다.

하나님은 그리스도를 거룩하게 하셨다. 그리스도는 하나님께서 거룩하게 하셨던 그 거룩함을 그분의 뜻과 행동으로 나타냄으로써 자신을 거룩하게 하셨다. 하나님은 우리를 그리스도 예수 안에서 거룩하게 하셨다. 우리는 그 거룩함의 능력에 자기를 굴복시킴으로써 거룩해질 수 있다. 그 방법은 거룩한 행동을 하며 그 거룩함을 우리의 모든 삶과 걸음으로 나타내는 것이다. 모든 사람을 위해 한 번에 완전하게 수여된 객관적인 하나님의 선물은 주관적인 개인의 소유로 적용되어야 한다. 우리는 자기를 정결하게 함으로써 거룩함을 완성해야 한다. 거룩함을 위한 구원, 이 두 가지가 하나님의 생각과 사역에 이어졌던 것처럼 우리의 마음과 삶에도 이어져야 한다.

이사야가 두 번째로 진정한 구원을 선포했을 때 그것은 모세보다 더욱 분명하고 완전하게 하나님의 이름을 "우리의 구원자는 이스라엘의 거룩한 이시니라"고 나타내기 위한 것이었다. 우리가 그 이름을 묵상하면 할수록 더욱 신성하게 여기게 되며, 그 이름으로 하나님을 경배하게 되고, 구원자와 거룩한 자라는 두 호칭이 분리될 수 없음을 더욱 알게 된다. 또한 우리의 구속자가 거룩하시듯 구속받은 우리도 거룩해야 한다는 사실을 깨닫게 된다.

이사야는 '거룩한 길'에 대해 "오직 구속함을 입은 자들을 위하여 있게 될 것이라"(사 35:8)고 말했다. 하나님의 거룩함으로 구속받은 사람들은 그 길로 인도되어야 한다. 우리가 그리스도 안에서 구원받는 것은 그리스도 안에서 거룩해지는 것이다. 그때 우리를 구원하신 하나님의 부르심에 관해 "내가 거룩하니 너희도 거룩하라"는 새로운 의미를 얻게 될 것이다.

"지극히 존귀하며 영원히 거하시며 거룩하다
이름하는 이가 이와 같이 말씀하시되
내가 높고 거룩한 곳에 있으며 또한 통회하고 마음이 겸손한 자와
함께 있나니"(사 57:15). 통회하는 마음, 상한 심령,
경외심과 두려움은 하나님의 거룩하심을 보기 원하는
사람들에 대한 하나님의 첫 번째 요구이다.

02

성삼위 하나님의
은혜를 누려라

The Believer's Secret of Holiness _ Part 2

내가 그들 중에 거할 성소를 그들이 나를 위하여 짓되. 출애굽기 25:8. 내 영광으로 말미암아 회막이 거룩하게 될지라. …내가 이스라엘 자손 중에 거하여 그들의 하나님이 되리니. 그들은 내가 그들의 하나님 여호와로서 그들 중에 거하려고. 출애굽기 29:43,45-46.

하나님의 임재가 그곳을 거룩하게 한다. 그 임하심이 호렙산에서 타오르던 떨기나무처럼 비록 짧은 순간일지라도 말이다. 그렇다면 하나님께서 영원토록 거하실 처소는 얼마나 더 거룩해야 하겠는가! 분명한 예로 하나님께서 거하시는 '지존자의 거하시는 거룩한 처소', 즉 성소라고 불리는 장소가 있다. 하나님께서 거하시는 장소는 거룩한 도성, 하나님의 성산, 그분의 거룩한 집에서부터 지극히 거룩한 곳, 지성소의 휘장에 이르기까지 그 모든 곳이 거룩하다. 하나님께서 그분의 처소를 거룩하게 하시는 것은 그분의 내주하심 때문이며, 친히 자신을 이스라엘의 거룩하신 자로 나타내신 것은 우리 또한 거룩하게 하시기 위함이다.

하나님께서 거룩하심으로 그분이 거하시는 집 역시 거룩하다. 거룩함은 하나님께서 출입하실 수 있는 처소의 유일한 속성이다. 주위를 둘러봐도 어떤 집은 그 거주자의 성격과 매우 밀접하게 관련되어 있다. 특별한 방해물이 없다면 집은 자연스럽게 그 주인의 성품을 반영하게 된다. 거룩함은 하나님의 완전함이라는 속성을 나타낸다. 그분의 집은 이 한 가지 진실을 테스트한다. 그분이 거룩하심으로 그 처소가 거룩해야 하며 그분의 거하심은 거룩하게 한다는 뜻이다.

하나님은 이스라엘 민족에게 그분이 거할 성소를 지으라고 하신 첫 번째 명령에서 분명히 그 백성 가운데 거하실 것이라고 말씀하셨다. 그 성소에 거하심은 그분의 백성 한가운데 거하시겠다는 뜻을 나타낸 것이다. 그러므로 그 거룩한 집은 구속하신 백성 가운데 거하시는 하나님의 거룩함으로 인도한다.

성소, 하나님의 거룩한 처소는 이스라엘 백성을 거룩하게 하시는 하나님의 모든 사역의 중심이었다. 모든 것이 성소의 거룩함과 관련되어 있었다. 제단, 제사장들, 희생제물, 기름, 진설병, 그릇 등이 모든 것은 하나님께 속해 있으므로 거룩했다. 그 성소에서 두 가지의 음성이 들려왔다. 거룩함에 관한 하나님의 명령과 거룩하게 하시겠다는 그분의 약속이었다.

하나님의 명령은 제사장이든 예배자이든 간에 그분께 가까이하려는 모든 사람에게 깨끗하게 함과 속죄와 거룩함에 관한 요구로 나타났다. 또한 하나님의 약속은 그분의 성소에서 거룩하게 하기 위한 제물과 성결하게 하는 제단의 능력과 피와 기름에 비추었다. 성소는 멀리함과 가까이함, 정죄와 구원의 두 가지 양상을 구체화하고 있는데 그것은 거룩함 안에서 조화된다. 먼저 사람들을 멀리 서게 하시고 그다음에 그들을 가까이 인도하신다. 하나님의 성소는 그 거룩함의 위대한 상징이었다. 하나님은 그들 가운데 거하시기까지 가까이 오셨다. 그러나 그럼에도 사람들에게는 하나님께서 임재하시는 은밀한 장소에 가까이 가거나 들어가는 것이 허락되지 않았다.

이 모든 것은 우리를 위해 기록되었다. 내주하시는 하나님은 여전히 그분의 백성을 신성하게 하시는 분이다. 내주하심만이 우리를 거룩하게 만든다. 하나님께 가까이 가면 갈수록 거룩한 정도도 더 커진다는 사실을 주목하면 더욱 분명해진다. 하나님께서 그 가운데 거하시기 때문에 그 장막은 거룩했다. 모든 부정한 것이 가까이 가지 못했다. 그러나 성전의 뜰은 더욱 거룩했다. 만약 장막에서 추방되지 않았을지 모르는 부정함이 있다고 해도 그곳에서 용인되지 못했다. 성소는 하나님과 더 가까워서 더욱 거룩했다. 또한 성전 내부는 하나님께서 자비의 보좌 위에 거하시는 곳으로 지극히 거룩했다.

이 원리는 여전히 유효하다. 거룩함은 하나님과의 거리로 측정

된다. 그분의 임재하심이 더할수록 더욱 진실로 거룩하다. 완전한 내주하심은 완전한 거룩함이 될 것이다. 주님 외에 거룩한 것은 없다. 주님 밖에서 거룩함은 없다. 하나님은 그 거룩함의 일부를 떼어 놓거나 그 자신과 별개로 그 거룩함을 우리에게 주실 수 없다. 우리는 하나님을 소유한 만큼 그분의 거룩하심을 소유한다. 따라서 우리는 그분을 온전하고 진실하게 소유하기 위해 하나님께서 거하시게 해야 한다. 하나님께서 생명이나 영이 없는 집이나 장소에 거하시는 것은 살아 계신 하나님께서 우리 안에 들어오셔서 우리를, 우리의 본질적인 자아를 그분의 생명으로 채우시는 진정한 내주하심의 그림자일 뿐이다.

어떤 연합도 하나님께서 내주하시는 생명보다 더 친밀하고 실제적이고 온전하지 못하다. 열매가 많은 큰 나무 안에서 순환하는 생명을 생각해보라. 어떻게 부분마다 생명력이 침투하는지, 어떻게 줄기와 잎사귀, 꽃과 과일 등 생명력이 내재해 흐르고 채우는 모든 곳을 분리할 수 없이 하나로 묶는지를 생각해보라. 그 생명이 우리 몸을 살아 있게 하고 그 생명의 힘이 신체 부분마다 침투해 감각과 작용하게 한다.

친밀할 뿐 아니라 훨씬 놀랍고 실제적인 것은 새로운 생명의 성령께서 내주하심이다. 그분을 통해 하나님께서 믿는 자들의 마음속에 거하신다. "내가 그들 중에 거할 성소를 그들이 나를 위하여 짓되"라는 하나님의 명령에 순종하고, "내 영광으로 말미암아 회막이 거룩하게 될지라. 내가 이스라엘 자손 중에 거하여 그들의 하나님이 되리니"라는 약속을 경험할 수 있는 것은 하나님의 내주하심을 의식적으로 갈망하는 믿음으로 가능하다.

내주하시는 하나님은 그분이 거룩하게 하셔서 이 세상에 보내신 아들 속에서 자신을 나타내셨다. "내가 아버지 안에 거하고 아버지께서 내 안에 계심을 믿으라. 그렇지 못하겠거든 행하는 그 일로 말미암아 나를 믿으라"(요 14:11). 특히 신약에서는 하나님의 성전으로서 믿는 사람들을 여러 번 거룩하다고 일컬었다. "하나님의 성전은 거룩하니 너희도 그러하니라"(고전 3:17). "너희가 하나님의 성전인 것과 하나님의 성령이 너희 안에 계시는 것을 알지 못하느냐"(고전 3:16). "그의 안에서 건물마다 서로 연결하여 주 안에서 성전이 되어가고"(엡 2:21). 우리의 마음은 성령을 통해 하나님의 성전으로 준비된다. 하나님의 내주하심은 성령이 거룩한 속성을 고유하게 취하고 유지하도록 한다. 내주하시는 성령은 거룩하신 영이다. 그분이 내주하신다는 증거, 아니 그분이 그리스도의 내주하심을 나타내시는 증거는 거룩함이다.

우리는 하나님께서 이스라엘 백성들에게 때로는 얼마나 가까이, 때로는 얼마나 멀리 계셨는지 보았다. 지금도 여전히 그런 모습을 볼 수 있다. 몇몇 그리스도인은 장막에 거하지만 거룩하신 분을 친밀히 알지는 못한다. 뜰 밖에 있는 그리스도인들은 용서와 평화를 갈망한다. 그들은 항상 속죄의 제단 가까이에 가지만 진정한 거룩함이나 친밀함, 혹은 제사장으로서 성소에 들어가는 특권에 관해 거의 알지 못한다. 또 어떤 사람들은 주님께 가까이 가는 것이 소명임을 깨닫고 그것을 원하지만 담대하게 지성소로 들어가 그 안에 거해야 할 이유를 이해하지 못한다. 주님께서 이 비밀을 가르쳐주신 자는 복이 있다. 그들은 찢어진 휘장이 의미하는 바를 알고 바로 그곳으로 가까이 간다. 그 휘장은 그들의 마음에서부터 제거되었다. 그들은 거룩하신 분이며 거룩하게 하시는 하나님의 임재 속에 진정한 거룩함의 비밀이 있다는 사실을 깨달았다.

당신을 거룩함으로 부르신 하나님은 내주하시는 생명의 하나님이시다. 성막이 그것을 상징하며 아들이 그것을 드러냈으며 성령께서 교통하고 영원한 영광이 그것을 완전히 나타낼 것이다. 또한 믿는 자로서 당신도 그것을 경험할 수 있다. 하나님의 거룩한 성전이 되는 것은 바로 당신이다. 자신을 하나님의 온전한 내주하심에 맡기기만 하라. 먼저 당신의 존재나 행동에서 거룩함을 찾지 말고 하나님을 찾아라. 또한 하나님의 선물로서 거룩함을 구하지 말고 하나님 자신, 그분의 내주하심을 구하라. 거룩함의 아름다움으로 그분을 경배하라. 그분은 거룩하고 높은 보좌에 계신다.

또한 경배할 때 그분의 목소리에 귀를 기울여라. "지극히 존귀하며 영원히 거하시며 거룩하다 이름 하는 이가 이와 같이 말씀하시되 내가 높고 거룩한 곳에 있으며 또한 통회하고 마음이 겸손한 자와 함께 있나니 이는 겸손한 자의 영을 소생시키며 통회하는 자의 마음을 소생시키려 함이라"(사 57:15). 성령께서 우리의 속사람을 강하게 하셔서 믿음으로 예수 그리스도께서 우리에게 거하게 하시고 성부 하나님께서 오셔서 그분과 함께 우리를 그분의 처소로 만드실 때 우리는 진정으로 거룩해진다. 그러므로 우리는 진실하고 전심을 다한 성화의 과정에서 자기 자신을 온전히 지존자의 처소가 되게 해야 한다. 하나님의 거룩하심이 머무르는 곳은 분명히 성막과 성전과 같아질 것이다.

하나님의 영광으로 충만한 집과 하나님의 모든 완전함으로 충만한 심령, 이것이 우리의 예정된 삶이다. 믿음으로 하나님의 거룩하신 자이신 그리스도께서 아버지의 이름으로 들어와 거하시는 축복을 요구하고 수용하고 굳게 잡자. 그러면 믿음은 우리의 모든 문제에 해결책을 가져올 것이다. 모든 실패를 넘어선 승리와 모든 소원의 성취를 이루게 될 것이다. "내 영광으로 말미암아 회막이, 마음이 거룩하게 될지라." 진정한 거룩함의 공공연한 비밀, 형용할 수 없는 기쁨의 비밀은 믿음으로 우리 마음 가운데 그리스도께서 거하신다는 사실이다.

너는 또 순금으로 패를 만들어 도장을 새기는 법으로 그 위에 새기
되 여호와께 성결이라 하고 이 패를 아론의 이마에 두어 그가 이스
라엘 자손이 거룩하게 드리는 성물과 관련된 죄책을 담당하게 하라.
…그 패가 아론의 이마에 늘 있으므로 그 성물을 여호와께서 받으시
게 되리라. 출애굽기 28:36,38.

하나님의 집은 두려움과 떨림 없이는 접근할 수 없는, 거룩하신
하나님께서 친히 자신을 나타내시는 거룩한 처소였다. 하나님은 거
룩하게 하시는 분으로 그분의 거룩함의 참여자로 삼으실 모든 사람
을 가까이 이끄셨다. 하나님의 거룩하심과 거룩하게 하시는 일의 핵
심은 대제사장이 하나님 앞에서 사람들을 대신하고 사람들 앞에서

하나님을 대신하는 두 가지 자격에서 볼 수 있다. 대제사장은 상징과 그림자의 율법시대에서 표현할 수 있는 바로 그 하나님의 거룩하심이 인간의 모습으로 구체화하고 하나님의 선물로서 거룩함이 나타난 사람이다.

하나님은 그를 통해 백성을 거룩하게 하시고 축복하기 위해 오셨다. 백성도 그를 통해 하나님께 가장 가까이 갔다. 그러나 그가 지성소에 들어가 행하는 속죄의 번제는 사람이 얼마나 부정한지, 얼마나 하나님의 임재 속에 살 자격이 없는지를 입증할 뿐이었다. 대제사장 안에서 이스라엘의 부정함이 증명되었다. 한편으로 그는 장차 도래하실 구원자, 우리 주 예수 그리스도에 대한 상징이자 그림자였으며, 장차 하나님의 거룩하심이 그 백성의 기업이 될 것을 보여준 놀라운 예표였다.

대제사장이 우리의 거룩함이 되신 그리스도의 전형이었다는 많은 증거 가운데 가장 암시적이고 두드러진 상징은 아마도 그가 이마에 썼던 거룩한 관일 것이다. 그에게 관련된 모든 것은 거룩해야 했다. 그의 의복조차 거룩해야 했다. 그러나 그 거룩함의 가장 완전한 상징은 그가 항상 이마에 지녀야 했던 '여호와께 성결'이라고 새겨진 순금 패였다. 모든 사람은 그 패를 보고 대제사장의 존재 목적이자 그가 사는 유일한 이유가 하나님의 거룩하심을 구현하고 나타내는 것이며, 대제사장이 축복 속에 하나님의 거룩하심을 백성에게 흘려보내도록 선택된 사람임을 온전히 깨달았다.

거룩한 패의 은혜가 나타내는 것은 매우 놀라웠다. 대제사장은 이마에 '여호와께 성결'이라는 패를 지님으로써 "이스라엘 자손들을 거룩하게 할 성물에 대한 죄를 담당해 여호와 앞에 받으실 만하여지도록" 했다. 그때부터 모든 죄에 관해 희생제물이나 속죄제를 드리는 것이 시행되었다.

그러나 희생제물이나 제사 그 자체에 죄가 점착되어 있다면 어떻게 하는가? "주께서는 중심이 진실함을 원하시오니"(시 51:6). 제물을 드리는 자가 자신의 회개와 믿음과 사랑, 순종과 희생 등이 모두 불완전하고 부정하다는 의식에 눌려 있다면 그가 느끼는 고통이 얼마나 크겠는가!

하나님은 제물을 드리는 자의 문제에 대해서도 해결책을 주셨다. 대제사장의 거룩함이 그의 성물에 대한 부정함과 죄를 덮도록 하셨다. 거룩한 패는 대제사장의 거룩함으로 인해 제물을 드리는 자를 용납하신다는 하나님의 서약이었다. 제사를 드리는 자가 거룩하지 않다면 그는 믿을 만한 거룩한 사람에게 자신의 허물을 담당하게 할 수 있었다. 그는 피를 뿌림으로 속죄의 영향력이 발휘되게 하려면 그뿐만 아니라 그 자신이 가장 받을만하신 그의 거룩함을 보장하기 위해 대제사장을 의지할 수 있었다.

이처럼 자신이 부정함을 깨달은 자는 다른 사람의 거룩함을 매개로 할 수 있었는데 하나님께서 정하신 바로 그 사람이 대제사장이었다. 여기서 우리는 거룩함의 여정에서 더 깊은 길로 나아가는 가장 귀중한 가르침을 얻을 수 있다. 하나님께서 어떻게 거룩함을 주셨는가? 하나님의 거룩하심으로 선택받은 한 사람을 통해서였다. 그는 우리가 의지할 자이며 그의 거룩함은 하나님의 형제들처럼 그의 몸의 지체에 속해 있다. 이처럼 우리는 놀라운 능력의 거룩함을 통해 우리가 가진 가장 선한 의도의 부족함조차 깨끗이 씻어지고 하나님을 만족하시게 할 만한 존재가 되었다는 확신을 하며 그 거룩한 임재 속에 들어갈 수 있게 된다.

이것은 많은 열심 있는 거룩함의 추종자들에게 필요한 바로 그 가르침이다. 그들은 말씀이 가르치는 속죄의 복과 그에 따른 완전한 용서를 알고 있다. 그들은 아버지의 놀라우신 사랑과 그들을 위해 준비된 복을 믿는다. 그러나 그들은 어린아이 같은 순진함과 믿음의 확신에 관해 들을 때 아버지께서 그들에게 복 주시기 위해 바라시는 사랑의 순종과 자기부인을 하지 못한 채 두려움으로 실패한다. 마치 그 축복이 그들의 손이 닿지 않는 곳에 있는 것처럼 말이다.

자신의 부정함으로 인해 약속된 하나님의 임재하심을 요구하거나 붙잡을 수 없을 때 거룩하신 분의 어떤 말씀으로 힘을 얻을 것인가? 여기서 거룩하신 하나님께서 어떻게 그분의 거룩하심을 보이시고 그분의 거룩하심을 교통하게 하시기 위해 한 사람을 준비시키셨는지 보라.

중재자로서 그분이 선택하신 사람을 통해 하나님께 나아가는 모든 사람을 위한 그분의 거룩하심이 충만하게 넘쳐났다. 기도나 예배를 드리면서 하나님께서 마땅히 요구하시는 겸손과 열정, 믿음이 부족함을 깨달을 때 나는 거룩함에 둘러싸인 대제사장과 그의 이마에 둘린 거룩한 패를 바라본다. 그 패에 새겨진 말씀은 나의 가장 선한 의도가 지닌 부정함마저 전가되고 사라졌음을 믿게 한다. 나의 모든 부족함과 하찮음에도 나의 기도가 받아들여지고 달콤한 향기를 지녔음을 완전히 확신할 수 있다. 나는 거룩하신 분이 그의 선택하신 자 때문에 나를 바라보고 미소 지으시는 모습을 볼 수 있다.

"거룩한 관이 항상 그의 이마에 있을 것인데 그로 인해 그들이 여호와 앞에 받으실 만하게 될지라." 이것이 모두를 위한 한 사람의 중재자가 가진 대체라는 진리의 복, 우리를 거룩하게 하시기 위한 하나님의 방법이다. 예배드리는 이스라엘 백성들의 희생은 다른 이의 거룩함 덕분에 거룩하고 받을 만해졌다.

구약의 그림자는 신약의 은혜와 진리의 충만한 실재를 결코 충분히 설명하지 못한다. 우리는 함께 말씀을 살펴보면서 우리의 거룩함이 되신 예수 그리스도께서 우리의 죄를 전가 받으셨을 뿐 아니라 그분의 성품도 나눠주셨다는 사실을 알게 될 것이다. 우리가 옷 입은 새사람은 진정한 거룩함으로 창조되었다. 우리는 예수 그리스도 안에서 새로운 거룩한 성품을 받았다. "거룩하게 하시는 이와 거룩하게 함을 입은 자들이 다 한 근원에서 난지라. 그러므로 형제라 부르시기를 부끄러워하지 아니하시고"(히 2:11).

우리와 하나님의 거룩하신 자인 예수님과의 살아 있는 연합으로 우리에게 새롭고 거룩한 성품이 입혀졌으며 예수 안에 있는 모든 거룩함을 구하고 나눠 받을 수 있게 되었다. 따라서 우리가 얼마나 부정한지 깨닫는 만큼 예수님의 거룩함으로 덮이기를 구할 수밖에 없다. 그럴 때 우리 자신과 우리의 선물들이 하나님 앞에 가장 받을 만해졌다는 확신 속에 즐거워할 수 있다. 우리의 믿음이 아무리 약하든지, 하나님의 영광을 구하려는 열망이 부족하든지, 사랑과 열정이 부족하든지 이마에 '여호와께 거룩함'이라고 새겨져 있는 예수님을 볼 때 하나님께서 웃으시며 온전히 수용하시는 사랑을 받기 위해 얼굴을 들 수 있다.

이것이 하나님께서 거룩하게 하시는 방법이다. 앞서 살펴보았듯이 거룩한 장소뿐 아니라 거룩한 사람으로 말미암아 거룩하게 하신다. 그분은 중심에서 시작해 나선형으로 계속 거룩함을 넓혀 나가신다. 하나님의 이런 방법은 우리가 확신할 수 있는 성공으로 덧입혀질 것이다.

우리는 말씀 속에서 이를 깨달을 수 있는 가장 확실한 증거를 발견할 수 있다. 다시 한번 구약에서 거룩한 관을 가까이 살펴보자. 주의 날에 "그날에는 말 방울에까지 여호와께 성결이라 기록될 것이라"(슥 14:20). 대제사장이 지녔던 표어는 이제 일상의 모든 삶의 표어가 될 것이다. 아름다운 제사에 쓰는 모든 물건 역시 거룩해질 것이다. 머리에서부터 옷 가장자리까지 그 거룩함이 이어지게 될 것이다.

우리의 온전하지 않은 행동을 덮으시는 예수님의 거룩하신 능력을 깨달음으로 시작하자. 그것을 심판대 위에 올려놓고 우리를 퇴보시키거나 의심하게 하는 허물을 더는 받아들이지 말자. 나 자신과 나의 성화된 선택이 그리스도 안에서 하나님 앞에 거룩하여져 용납되게 되었음을 믿자. 이런 의식을 갖고 살면서 거룩하신 하나님과의 교제에 들어가자.

우리가 예수님의 거룩하심 속에 들어가 그분과 동행하면 그 거룩함이 우리 안에 들어와 우리와 함께할 것이다. 그 거룩함은 우리의 전 생애를 사로잡고 우리에게 속한 모든 것 위에 '여호와께 성결'이라는 말씀이 비칠 때까지 그 능력을 펼칠 것이다.

그때 우리는 다시 한번 하나님께서 거룩하게 하시는 방법이 어떻게 중심에서부터, 여기에서는 우리가 새롭게 된 성품의 중심에서 시작해 우리의 주변 모든 영역에 그 영향력을 행사하도록 퍼져나가는지 발견하게 될 것이다. 오직 우리의 부족한 걸음을 채우시고 우리와 우리의 삶이 여호와께 거룩해지게 하시는 예수님의 거룩하심 안에 거하자.

나는 너희의 하나님이 되려고 너희를 애굽 땅에서 인도하여 낸 여호
와라. 내가 거룩하니 너희도 거룩할지어다. 레위기 11:45. 너희를 거
룩하게 하는 나 여호와는 거룩함이니라. 레위기 21:8. 대저 나는 여
호와 네 하나님이요 이스라엘의 거룩한 이요 네 구원자임이라. 이사
야 43:3. 너희의 구속자요 이스라엘의 거룩한 이 여호와가 말하노
라. …나는 여호와 너희의 거룩한 이요 이스라엘의 창조자요 너희의
왕이니라. 이사야 43:14-15.

출애굽기는 자신의 백성을 거룩하게 하려고 예비하시는 하나님
을 보여준다. 하나님은 거룩한 때에, 거룩한 장소에서, 거룩한 사람
들 안에서, 거룩한 물질과 거룩한 희생으로 자신을 둘러싼 모든 것

과 자신에게 가까이 나오려는 모든 사람이 거룩해야 한다는 것을 가르치셨다. 하나님은 거룩함 가운데서만 거하실 수 있다. 그분의 백성은 거룩한 백성이어야 한다. 우리는 레위기를 통해 한 단계 더 앞으로 인도된다.

하나님은 그 책에서 처음으로 자신의 거룩함에 관해 말씀하시고 그것을 이유로 거룩함에 관한 약속의 능력과 함께 백성의 거룩함을 요구하셨다. 그렇지 않으면 거룩함에 관한 계시는 불완전하고 거룩함에 관한 부르심은 무력해질 것이다. 진정한 거룩함은 하나님만이 거룩하심을 깨달을 때 찾아올 것이다. 우리가 그분께 다가갈 때와 순종과 사랑으로 그분께 연결될 때 그분의 거룩하심이 우리에게 머물 것이다.

우리는 모세의 책에서부터 복음주의 선지자 이사야서 전까지 영감으로 쓰인 글에서 좀처럼 거룩하신 하나님의 이름을 찾아보기 어렵다는 사실을 발견할 것이다. 이사야서에서는 거룩함이라는 말이 26번 나오고 그 진정한 의미가 구원자라는 이름과 관련해 드러난다. 구원받은 백성이 그들의 구원자를 바라보며 느끼는 기쁨과 신뢰, 송축의 감정은 모두 '거룩하신'이라는 이름과 관련해 언급된다.

"나는 여호와 너희의 하나님이라. 내가 거룩하니 너희도 몸을 구별하여 거룩하게 하고"(레 11:44).

"나는 너희의 하나님이 되려고 너희를 애굽 땅에서 인도하여 낸 여호와라. 내가 거룩하니 너희도 거룩할지어다"(레 11:45).

"너는 이스라엘 자손의 온 회중에게 말하여 이르라. 너희는 거룩하라. 이는 나 여호와 너희 하나님이 거룩함이니라"(레 19:2).

"너희는 스스로 깨끗하게 하여 거룩할지어다. 나는 너희의 하나님 여호와이니라. 너희는 내 규례를 지켜 행하라. 나는 너희를 거룩하게 하는 여호와이니라"(레 20:7-8).

"너희는 나에게 거룩할지어다. 이는 나 여호와가 거룩하고 내가 또 너희를 나의 소유로 삼으려고 너희를 만민 중에서 구별하였음이니라"(레 20:26).

"너는 그(제사장)를 거룩히 여기라. …너희를 거룩하게 하는 나 여호와는 거룩함이니라"(레 21:8).

"나는 그들을 거룩하게 하는 여호와임이니라. …나는 그 음식을 거룩하게 하는 여호와니라"(레 21:23, 22:16).

"너희는 내 성호를 속되게 하지 말라. 나는 이스라엘 자손 중에서 거룩하게 함을 받을 것이니라. 나는 너희를 거룩하게 하는 여호와요"(레 22:32).

"시온의 주민아, 소리 높여 부르라. 이스라엘의 거룩하신 이가 너희 중에서 크심이니라 할 것이니라"(사 12:6).

"사람 중 가난한 자가 이스라엘의 거룩하신 이로 말미암아 즐거워하리니"(사 29:19).

"너는 여호와로 말미암아 즐거워하겠고 이스라엘의 거룩한 이로 말미암아 자랑하리라"(사 41:16).

우리는 에덴동산에서 자기 일을 완성하시는 창조의 하나님께서 또한 거룩하게 하시는 하나님임을 알았다. 구원자 하나님은 이스라엘 백성을 통해 그분이 선택하신 백성을 영원히 거룩하게 하시는 성화의 하나님임을 깨달았다. 우리는 이제 이사야서에서 거룩하게 하시는 거룩하신 하나님께서 어떻게 신약에 나타나는 위대한 구원의 사역을 이루시는지 알게 된다.

하나님은 거룩하게 하시는 이로써 구원자시다. 하나님은 거룩하시고 거룩하게 하시기 원하므로 구원하신다. 거룩함은 구원의 완성이 될 것이다. 구원과 거룩함은 하나님과 개인적인 관계에서 함께 찾아볼 수 있다. 거룩함의 비밀을 여는 열쇠는 그 말씀 안에서 개개인의 성도들에게 주어졌다. "너희의 구속자요 이스라엘의 거룩하신 이 여호와께서 이르시되 나는 여호와 너희의 거룩한 자라." 거룩하신 이에게 가까이 다가가고, 그분을 알고, 그 거룩하신 이를 소유하고, 그분의 소유가 되는 것이 거룩함이다.

하나님의 거룩하심이 우리의 유일한 희망이라면 거룩함이 무엇인지 알기를 구하는 것이 옳다. 비록 그것이 우리의 이해를 넘어서는 것이라 할지라도 말씀 속에서 거룩함과 관련해 무엇을 나타내고 있는지 알아보는 것이 유익할 것이다. 거룩한 두려움과 경배의 마음으로 성령께서 우리의 스승임을 믿으며 그렇게 하자.

먼저 하나님의 거룩하심이 그분의 다른 속성들 가운데 하나로 언급되면서도 다른 속성들과 어떻게 같은 수준으로 간주할 수 없는

지에 주목하라. 다른 속성들은 모두 신적인 본성의 어떤 특별한 양상이나 특징과 관련된다. 반면, 거룩함은 하나님이라는 존재 자체의 본질과 완전함을 표현하기 위해 나타난다. 다른 속성들 가운데 그 무엇도 하나님께 속한 모든 것을 예측할 수 없다. 그런데 성경은 그분의 거룩한 이름과 거룩한 날, 거룩한 처소와 거룩한 말씀에 대해 말씀한다.

우리는 거룩함이라는 단어 속에서 하나님의 모든 완전함의 총체, 신성이 무엇인지에 근접하게 된다. 우리는 다른 속성들을 가지고 하나님의 완전함을 설명하지만 거룩함만이 하나님 자체에 대한 인간의 유일한 표현이라는 사실을 알게 된다. 이런 이유로 신학자들은 거룩함이 의미하는 모든 것을 표현할 수 있는 정의를 내리는 데 많은 어려움이 있다는 사실을 깨달았다.

거룩함의 히브리어 원어('구별' 을 의미하는 어근에서 파생되었든 '두드러지다' 는 의미가 있든 간에)는 '다른 것들에 비해 더욱 뛰어난 탁월함으로 구별된다' 는 뜻으로 나타난다. 하나님은 모든 것과 구별되시며 창조된 모든 것과 다르시다. 하나님은 하나님이 아닌 모든 것으로부터 스스로 구별하신다. 그분은 거룩하신 이로써 자신의 신령한 영광과 완전함을 방해할 수 있는 모든 것에 맞서 그것을 유지하신다. "여호와와 같이 거룩하신 이가 없으시니"(삼상 2:2). "너희가 나를 누구에게 비기며 누구와 짝하며 누구와 비교하여 서로 같다 하겠느냐"(사 46:5).

하나님은 그분의 거룩함과 관련해서 실로 비교할 수 없는 분이시다. 거룩함은 하나님만의 것이다. 하나님께서 거룩함을 주시지 않는 이상 하늘이나 땅에 그와 같은 것이 있을 수 없다. 그러므로 우리의 거룩함은 우리가 하나님의 거룩함을 모방하려고 시도하는 구별에 있는 것이 아니라 완전히 하나님께 속해 자신을 위해 따로 떼어두시는 그분의 구별하심에 들어가는 것에 있다.

이 개념과 밀접하게 연결된 것은 '높임 받으심'이다. "지극히 존귀하며 영원히 거하시며 거룩하다 이름하는 이가 이와 같이 말씀하시되"(사 57:15). 높은 보좌에 앉아 높이 올림 받으시며 스랍의 경배의 대상이 되시는 분은 오직 거룩하신 하나님뿐이다. 시편 99편에서 하나님의 거룩하심은 특별히 그분의 높임 받으심과 관련되어 있다. 이와 같은 이유로 그분의 거룩하심은 종종 그분의 영광의 위엄과 연결된다('여섯째 날'을 보라). 우리의 거룩함은 "인간의 자고함이 낮아지고 주님만 홀로 높임을 받으실 때" 오는 가난함과 겸손함으로 나타날 것이다.

이 구별됨과 높임 받음을 지극히 뛰어나게 하는 것이 무엇인지 묻는다면 우리는 죄를 미워하는 부정적인 측면과 아울러 온전한 아름다움이라는 더욱 긍정적인 측면을 가진 신성의 정결함을 생각하게 된다. 우리가 죄인이며 하나님의 거룩하심이 죄의 세상에 드러났기 때문에 그분의 거룩하심에 관한 최초의, 그리고 최고의 인상은 죄를 바라볼 수 없는 영원한 정결함에 관한 것이어야 한다. 죄인은 그분의 임재 안에서만 그의 얼굴을 가리고 떨게 된다.

죄를 금하고 멸시하고 벌하시는 하나님의 거룩하심은 그분의 거룩함에 뿌리를 두고 있으며 소멸하는 불의 삼키고 파괴하는 능력이라는 두 요소 가운데 하나이다. "거룩하신 하나님은 공의로우시므로 거룩하다 일컬음을 받으시리니"(사 5:16). 공의 안에 거룩하신 이의 거룩하심이 지속되고 드러난다.

그러나 빛은 부정한 것을 들추어 정결하게 되도록 하는 요소뿐만 아니라 그 자체에 무한한 미의 요소를 갖고 있다. 우리 중 가장 거룩한 자들도 하나님의 거룩하심을 그분 자체의 영원한 아름다움, 완전한 정결과 그분이 거하시는 빛의 아름다움으로 묘사하기를 주저하지 않았다. 우리 역시 하나님의 거룩하심을 소유하고 그 안에서 안식하기 위해서는 우리의 죄로 그 거룩하신 이의 예민한 감정을 슬프게 하는 것을 생각할 때 두려워하는 거룩한 경외심이 있어야 한다. 그 경외심과 함께, 또한 조화를 이루어 주님의 아름다움을 보고 그분의 신령한 영광에 감탄하며 그분께만 기쁨으로 순종하는 것을 바라는 깊은 갈망이 있어야 한다.

우리는 한 단계 더 나아가야 한다. 하나님께서 "나는 거룩하다. 나는 거룩하게 한다"고 말씀하셨을 때 그 거룩함의 가장 주요한 특징 중 하나는 다른 이들이 그 온전함과 축복의 동참자가 되게 하려고 그 거룩함을 전하려고 한다는 것이다. 이것이 사랑이다. 거룩하신 이가 그분의 백성에 대해 어떠하신지에 대한 이사야서의 놀라운 묘사에서 우리는 하나님의 귀한 말씀을 오도하는 것을 경계해야 한다. 비록 하나님은 거룩하신 분이기에 죄를 미워하고 죄를 벌하며 멸하기 원하시지만, 그럼에도 성경은 하나님께서 죄를 미워하시기 때문에 구원하신다고 말씀하지 않았다. 절대 그렇지 않다.

오히려 하나님은 거룩하신 이로써 그분이 거룩하시기에 거룩하게 하기를 기뻐하심으로 그분의 백성을 구원하신다고 가르친다. "내가 나의 맹렬한 진노를 나타내지 아니하며 내가 다시는 에브라임을 멸하지 아니하리니 이는 내가 하나님이요 사람이 아님이라. 네 가운데 있는 거룩한 이니 진노함으로 네게 임하지 아니하리라"(호 11:9). 우리가 하나님을 바라고 신뢰하며 그 안에서 기뻐할 수 있는 것은 무엇보다 거룩함으로 인해서다. 거룩하신 이는 거룩하게 하시는 이다. 그분은 구속하고 구원하셔서 우리로 그분을 신뢰하게 하시며, 그 때문에 우리를 거룩하신 자신에게로 이끄셔서 자신과 개인적으로 밀접하게 됨으로써 우리가 하나님께 순종하고 자신과 같은 마음, 즉 그분이 거룩하시듯 우리도 거룩해지기를 원하신다.

이로써 하나님의 거룩하심은 의와 사랑이 완벽한 조화를 이루는 하나님의 영원한 완전성으로 전개되고 나타난다. 하나님을 죄와 약함을 가진 다른 모든 피조물로부터 자유롭게 할 뿐만 아니라 지속해서 그 피조물들이 하나님과 합일을 이루기까지 끌어올려 하나님께만 있는 정결과 완전함에 온전히 참여하게 하는 것은 신령한 생명의 에너지이다. 창조와 구원의 하나님으로서 하나님의 영광은 그분의 거룩하심이다. 그 안에 참으로 인간의 이해를 넘어설 정도로 하나님의 구별되심과 높임 받으심이 존재한다.

"하나님은 빛이시다." 하나님은 그분의 완전한 정결함으로 모든 어둠을 드러내신다. 그 어둠에 조금도 동참하시지 않는다. 그분은 어둠을 심판하시고 정죄하신다. 그분은 어둠에서 구원하시고 자신의 정결함과 축복의 교제 속으로 인도하신다. 바로 그분이 이스라엘의 거룩하신 이다. "나는 여호와 너희의 하나님이라. 나는 거룩하며 거룩하게 하느니라." 우리가 그분의 거룩함을 앙망하며 생각하고 믿음으로 그분께 복종하고 거룩하신 자인 하나님과 사랑의 교제를 나누면 거룩해질 수 있다.

당신은 거룩해지기 원하는가? 그렇다면 "너희의 거룩한 자"라는 하나님의 말씀이 당신의 마음속에 잠기게 하라. 와서 그분을 당신의 하나님으로 주장하라. 거룩하게 하시는 거룩하신 이로써 하나님께서 당신을 위해 할 수 있는 모든 일을 주장하라. 오직 거룩하심은 그분 자체라는 사실만 명심하라. 그분께로 가서 경배하라. 그분께 영광을 올려드려라. 당신 속에서 거룩함을 찾지 마라. 자아를 내려놓고 거룩함이 하나님의 것이라는 사실에 감사하라. 그분의 임재가 당신의 마음을 채울 때, 그분의 거룩하심과 영광이 당신의 기쁨이 될 때, 거룩하신 이가 당신의 전부가 될 때 당신은 그분의 거룩함으로 거룩해질 것이다.

그분은 거룩한 변화를 보기 원하신다. 마침내 당신이 스스로 감탄할 만한 것이 없으며 오직 그분 안에 아름다움이 있다는 진리를 깨달을 때 하나님은 당신에게 그분의 영광을 허락해 주신다. 그리고 당신의 거룩함은 "주님과 같이 거룩한 분은 없네"라는 노래 속에서 발견될 것이다.

내가 본즉 주께서 높이 들린 보좌에 앉으셨는데 그의 옷자락은 성전에 가득하였고 스랍들이 모시고 섰는데…. 서로 불러 이르되 거룩하다. 거룩하다. 거룩하다. 만군의 여호와여 그의 영광이 온 땅에 충만하도다 하더라. 이사야 6:1-3. 네 생물은…. 밤낮 쉬지 않고 이르기를 거룩하다. 거룩하다. 거룩하다. 주 하나님 곧 전능하신 이여 전에도 계셨고 이제도 계시고 장차 오실 이시라 하고. 요한계시록 4:8.

이 땅에서뿐만 아니라 천국에서도 거룩함은 하나님의 가장 주요하고 가장 영광스러운 속성이다. 또한 이 땅에서뿐만 아니라 천국에서도 최고의 영감 있는 경배와 찬양은 그분의 거룩하심을 노래하고 있다. 가장 밝고 영원히 존재하며 보좌 주변에 거하는 생물들조차 하나님의 거룩하심을 찬양하고 선포하는 것에서 영광을 얻는다. 분명히 우리에게도 역시 거룩하신 삼위 하나님을 연구하고 아는 것, 경배하고 흠모하는 것, 선포하고 나타내는 것 이상의 영광이 있을 수 없을 것이다.

모세 이후에는 이사야가 하나님의 거룩하심을 전하는 사자였다. 두 선지자 모두 거룩하신 이를 알리는 임무를 위해 특별한 준비과정을 거쳤다. 모세는 불 속에서 거룩하신 분을 뵈었을 때 자신의 얼굴을 가렸고 하나님 뵙기를 두려워했다. 이로써 하나님의 사자로서 그분을 "거룩하심이 영광스러우시다"라고 찬양할 준비를 하게 되었다. 이사야는 스랍들의 노랫소리를 듣고 제단 위의 불과 연기로 가득 찬 성전을 보았을 때 이렇게 외쳤다. "화로다, 나여!" 이사야가 정결하게 되어야 할 절실한 필요를 느꼈을 때 핀 숯이 입술에 닿아 깨끗해졌다. 그 이후에야 그는 거룩하신 분이 구원자임을 이스라엘에 전하는 복음사역을 감당할 수 있었다.

우리 역시 스랍들의 노랫소리를 듣고 거룩하신 삼위일체를 알고 경배하는 것을 경외심과 겸손히 예배하는 심령으로 구하게 되기를. 우리 역시 하나님께서 이스라엘의 거룩하신 분이며 그들의 구속자임을 하나님의 사람들에게 전하는 일에 합당하게 되도록 제단 불로 정결하게 되기를.

그리스도의 교회에서 "거룩하다"를 세 번 반복하는 것은 항상 거룩하신 삼위일체 하나님과 관련되어 있었다. 요한계시록 4장에 나오는 보좌 주변에 있는 생물들의 노래가 그 증거이다. 여기서 우리는 스랍들이 전에도 계셨고, 이제도 계시고, 장차 오실 전능하신 자를 경배하는 말씀을 보게 된다. 그 전능하신 자는 영원한 구원의 근원이며, 지금 아들로 나타나신 분이고, 성령의 역사로 그분의 교회에 하나님의 구원을 완성하실 분이다.

성삼위일체의 진리는 종종 실제 생활과는 직접 관련 없는 추상적인 교리로 간주한다. 하지만 삼위의 각각에 대한 관계와 역할, 그리고 그분들의 생명력 있는 일치됨에 관한 영적인 통찰은 지적이고 영적인 이해를 성장시키기 위한 필수요소이다(삼위일체 교리의 영적인 의미에 관한 조명은 자연 속에서 그에 상응하는 비유로부터 얻을 수 있다. 우리는 존재하는 모든 생물을 먼저 그 생명으로 구분하고 그다음에는 그 생물이 겉으로 드러나는 모양이나 형태, 그리고 그 생명이 겉으로 나타난 형태 속에서 작용해 생긴 결과로 드러난 힘과 영향으로 구분한다. 마찬가지로 우리는 하나님을 보이지 않는 생명의 근원으로 알고, 성자를 하나님의 모습이나 형상으로서 보이지 않는 생명의 표출로 보며, 성령을 성부와 성자로부터 흘러나오는 생명의 능력으로, 또한 하나님의 뜻을 교회에 이루는 목적을 수행하시는 분으로 안다. 이 생각을 거룩하신 자로서 하나님께 적용하면 우리는 하나님의 거룩하심을 우리에게 전해주는 성자와 성령의 위치를 더욱더 잘 이해할 수 있을 것이다).

이제 삼위일체를 특히 하나님의 거룩하심과 우리의 거룩함에 관한 근원으로 이해하자. 우리가 성삼위일체를 경배하는 것은 어떤 의미가 있는가? 하나님은 거룩하실 뿐 아니라 거룩하게 하신다. 우리는 삼위의 계시를 통해 하나님께서 거룩하게 하시는 방법을 볼 수 있다.

우리는 삼위일체를 통해 하나님께서 자신을 두 가지 방법으로 나타내셨음을 알 수 있다. 성자는 하나님의 모습이며 사람들에게 자신을 나타내신 하나님의 명시이자 그분의 보이지 않는 영광이 구체화하여 사람이 따르게 한 하나님의 형상이다. 성령은 사람 안에서 일하시며 그 사람을 자신의 형상으로 인도하시는 하나님의 능력이다. 하나님 본체의 형상이셨지만 사람의 형상을 취하셨던 예수 안에서 하나님의 거룩함은 말 그대로 인간의 삶과 몸의 각 지체의 형태로 나타났다. 사람의 새로운 거룩한 본성이 그리스도 안에서 그분과 연합되도록 만들어졌다. 하나님의 거룩함은 그리스도의 죽음이라는 순종으로써 완성되었고 죄의 권세는 정복되고 파괴되었다. 그러므로 예수 그리스도는 거룩함의 영을 통한 부활을 통해 그분의 생명을 우리에게 나눠줄 수 있는 권세를 가지심과 함께 하나님의 아들로 천명되셨다.

여기서 거룩함의 영은 육체의 장막, 그를 방해했던 속박에서 자유로워졌고 사람들 안에 들어가 거할 수 있는 권능을 얻었다. 성령은 부활과 승천의 열매로 부어졌다. 이제 성령은 우리 안에서 하나님의 능력이며 그리스도의 생명과 거룩함을 우리에게 이루어내고 우리의 일상에서 하나님을 드러내는 일에 합당하게 하려고 그리스도를 향해 일하고 계신다. 그리스도는 보이지 않는 하나님의 형상으로서 위로부터 오신다. 내주하시는 성령은 우리가 하나님을 만나게 하시고 그 안에 있는 모든 것을 우리의 것으로 받아 누리기에 합당하게 하신다.

우리가 경배하는 삼위일체 하나님은 거룩하신 삼위일체시다. 삼위일체의 신비는 거룩함의 신비이다. 삼위일체의 영광과 능력은 우리를 거룩하게 하시는 하나님의 영광과 능력이다. 하나님은 근접할 수 없는 빛 가운데 거하신다. 그분은 거룩한 사랑의 소멸하는 불이며 저항하는 모든 것을 멸하시고 그분의 정결함으로 인해 나타나는 것 가운데 영광을 받으신다. 그 소멸하는 불(천국에 그 영원한 축복 속에 있든지 이 땅 위에 그 성난 진노로 있든지 간에) 가운데 자기 자신을 던지신 아들이 있다. 그분은 멸하고 구원하는 하나님의 능력을 드러내실 뿐만 아니라 그 양식과 만족이 되기 위해 기꺼이 희생 제물이 되셨다.

또한 도처에 퍼지는 강력한 불의 화염이며 불태우는 영으로서 죄를 깨닫게 하고 판단하며 손이 닿는 모든 것을 그 밝음과 거룩함으로 변화시키는 거룩함의 성령이 있다. 삼위의 서로에 대한, 그리고 우리에게 대한 모든 관계는 하나님을 거룩하신 이로 나타내는 것에 그 근원과 의미를 두고 있다. 우리가 하나님을 알고 그분과 함께하는 자가 되면 거룩함을 알고 거룩함의 참여자가 될 것이다.

우리는 어떻게 하나님을 아는가? 스랍들이 거룩하신 삼위일체를 경배하는 것을 보고 하나님의 거룩하심에 관해 알기를 힘쓰자. 얼굴을 가린 채 끊임없는 숭모의 노래에 참여하자. "거룩하다. 거룩하다. 거룩하다. 만군의 여호와로다." 우리가 그 말씀을 묵상할 때마다, 거룩하신 하나님께 기도할 때마다, 거룩하신 이 그리스도 안에서 믿음으로 행할 때마다, 거룩하신 성령님을 의지하며 기다릴 때마다 이처럼 경배하는 마음으로 하자. 거룩하다. 거룩하다. 거룩하다.

이사야처럼 하나님의 거룩하심을 알기를 구하자. 그는 사람들에게 '이스라엘의 거룩하신 이'라는 이름을 나타내고 해석해주는 사자로 선택받았다. 그는 환상을 보고 "화로다, 나여. 만군의 여호와이신 왕을 뵈었음이로다"(사 6:5)라고 외치면서 그의 사역을 준비했다. 우리의 단정함마저 부정한 것으로 드러날 때까지 거룩하신 이 앞에 조용히 엎드리자. 제단에서부터 정결하게 하는 불, 타오르는 거룩함의 핀 숯을 만지자. 이것은 입술과 마음을 태울 뿐 아니라 깨끗하게 하고 우리로 하여금 "내가 여기 있나이다. 나를 보내소서"(사 6:8)라고 말하게 한다. 우리의 예배가 스랍들과 같든지, 아니면 두려워 떠는 이사야 선지자와 같든지 간에 거룩하신 삼위일체 하나님을 향한 찬양이 상달되고 우리의 예배 역시 열납된다는 것을 깨달을 때까지 경배하자.

우리가 진정으로 거룩하신 하나님의 사자가 되고자 한다면 성삼위일체가 의미하는 바를 온전히 깨닫도록 힘써야 한다. 성부는 우리

위에 높이 거하시는 하나님이며 어떤 사람도 보았거나 볼 수 없고 그 거룩함에 감히 다가설 수 없다. 하지만 그분은 친히 우리를 거룩하게 하시려고 가까이 다가오신다. 성자는 우리와 함께하시는 하나님이며 사람의 모습으로 하나님의 거룩하심을 나타내시고 우리를 위해 죽으시는 고통으로 그 거룩함을 지키시고 그분의 백성의 거룩한 생명과 성품을 예비하셨다. 성령은 내주하시는 하나님이며 우리 안에 있는 거룩함의 능력이며 그리스도께 연결되어 우리의 속사람을 그리스도와의 연합과 교제로 이끄셔서 거룩하게 하시는 분이다. 거룩하신 삼위일체 하나님의 감춰지고 근접할 수 없는 거룩함, 인간의 모습으로 나타난 거룩함, 우리와 교통하고 우리로 그 안에 속하게 하는 거룩함, 이것이 완전한 거룩함이다.

성삼위일체의 신비는 그리스도인의 생명의 신비, 거룩함의 신비이다. 우리는 그 세 분이 하나이며 절대 따로 떨어져서, 혹은 독립적으로 일하시지 않는다는 진리를 더 깊이 이해할 필요가 있다. 성자는 성부를 나타내고 성부는 성자를 나타낸다. 성자는 자신을 주시지 않고 성령을 주신다. 성령은 스스로에 대해 말씀하시는 것이 아니라 "아빠 아버지"라고 부르짖으신다. 성자는 우리의 거룩함, 우리의 생명, 우리의 모든 것이다. 그 안에 완전함이 있다.

그러므로 우리는 항상 아버지 하나님께서 그리스도를 나타내주시고 그리스도 안에서 우리를 세워주시기를 간구해야 한다. 성부는 성령과 함께하지 않으시면 그 일을 하시지 않는다. 우리는 성령으로 강해져서 그리스도께서 우리 안에 거하게 하시기를 구해야 한다. 그리스도는 믿고 사랑하고 순종하는 자들에게 성령을 주신다. 성령은 다시 그리스도를 주시고 우리 안에 그 형상을 만들고 마음에 거하게 하신다. 그러므로 삼위는 예배의 모든 행위와 성장의 각 단계, 축복된 은혜의 모든 경험에서 서로 능동적으로 관여하신다. 하나의 위는 언제까지나 삼위이며 삼위는 언제까지나 하나이다.

이 진리를 거룩한 삶에 적용하기 위해 삼위일체에 대한 우리의 믿음이 살아 있는 실제가 되어야 한다. 아버지께 우리를 거룩하게 하시기를 구하는 모든 기도에 그리스도의 이름으로 하고 당신 안에 내주하시는 성령의 능력으로 하라. 그리스도를 당신의 거룩함으로 여기고, 그 안에서 믿음으로 행한 모든 일 속에서 아버지께 드리는 기도의 자세를 취하며, 아들을 영화롭게 하기를 기뻐하시는 하나님을 믿고, 조용히 성령께서 일하심을 기대하라. 성부는 그분을 통해 성자를 영화롭게 하신다.

성령께서 거룩하게 하시는 일과 거룩함의 영으로서 각 영혼을 그분의 인도하심에 맡길 때마다 성부가 그분의 강한 역사를 베푸시고 믿음을 통해 아들을 거룩하게 하심을 바라보라. 당신을 거룩하게 하시며 하나님과 예수 그리스도의 뜻을 보여주시는 성령의 능력을 기대하라. 만약 이것이 어린아이 같은 단순한 믿음과 기도에 다소간 모순되게 나타난다면 하나님께서 자기 자신을 나타내신 사랑으로 당신에게 그분을 경배하고 믿도록 가르치실 것을 확신하라. 그러면

"거룩하다. 거룩하다. 거룩하다"라는 말씀이 우리의 모든 예배와 일상에 깊이 배어들 것이다.

하나님의 거룩함으로 부름받은 하나님의 자녀여! 그분의 거룩한 임재 속에 절하고 경배하라. 와서 얼굴을 가리라. 우리의 이해를 넘어서는 것을 그만 바라보고 우리의 영혼으로 천상의 성소만 볼 수 있는 내면의 고요함 가운데 들어가게 하라. 와서 발을 가리라. 세상 일이든 종교적인 일이든 간에 바쁜 일상으로부터 물러나 경배하라. 와서 겸허하게 자신을 낮추고 거룩하신 이의 영광이 당신에게 비춰게 하라. 당신이 "거룩하다. 거룩하다. 거룩하다"는 송축을 듣고 참여할 때 성삼위에 대한 지식과 경배가 당신을 거룩하게 하는 힘임을 발견하게 될 것이다.

03

금생과 내생에
약속 있는 보물을 찾으라

The Believer's Secret of Holiness _ Part 3

내가 애굽 사람에게 어떻게 행하였음과 내가 어떻게 독수리 날개로 너희를 업어 내게로 인도하였음을 너희가 보았느니라. 세계가 다 내게 속하였나니 너희가 내 말을 잘 듣고 내 언약을 지키면 너희는 모든 민족 중에서 내 소유가 되겠고 너희가 내게 대하여 제사장 나라가 되며 거룩한 백성이 되리라. 출애굽기 19:4-6.

마침내 이스라엘 자손이 호렙에 도착했다. 율법이 주어지고 언약이 생겨나는 순간이었다. 이곳에서 선포된 이스라엘 백성을 향한 하나님의 첫 번째 말씀은 구속과 축복, 그리고 하나님과의 교제였다. "내가 어떻게 너희를 내게로 인도하였음을 너희가 보았느니라." 하나님은 구원의 목적으로서 거룩함을 말씀하셨다. "너희가 거룩한 백성이 되리라." 그리고 구원과 거룩함을 연결하기 위해 순종을 요구하셨다. "너희가 내 말을 잘 듣고 내 언약을 지키면 거룩한 백성이 되리라." 하나님의 뜻은 그분의 거룩함을 나타내는 것이다. 우리가 하나님의 말씀에 순종할 때 그분의 거룩함을 맛보게 된다.

이것은 우리를 다시 에덴동산의 장면으로 데리고 간다. 하나님은 사람을 거룩하게 하기 위한 시간으로 일곱째 날을 거룩하게 하셨다. 그 목적으로 말미암아 행하신 첫 번째 일이 무엇인가? 그분은 사람에게 명령을 내리셨다. 따라서 그 명령에 순종하는 것은 하나님의 거룩함으로 향하는 문을 열 것이며 그 입구가 될 것이다.

거룩함은 도덕적 태도이다. 그것은 자유 의지로 선택하고 결정을 내릴 수 있다. 하나님께서 창조하시고 베푸시는 것은 모두 본래 선하다. 사람이 하나님과 그분의 뜻에 관해 알고자 하고 실제로 갖게 되는 것은 도덕적인 가치가 있으며 우리를 거룩함으로 인도한다.

하나님은 창조를 통해 그 지혜롭고 선하신 의지를 나타내셨다. 그분의 거룩하신 뜻은 명령을 통해서도 나타난다. 그 거룩한 뜻이 사람의 뜻에 접목되고 사람의 의지가 하나님의 의지를 수용하고 조화시킬 때 그 사람은 거룩해진다. 하나님은 사람들로 천지창조 이후 일곱째 날에 사람을 거룩하게 하려는 그분의 성화사역에 동참하게 하셨다.

순종은 하나님의 거룩한 뜻과 일치를 이루게 하기에 거룩함으로 가는 통로이다. 타락하기 전의 사람에게도 타락한 사람과 마찬가지로 이 땅에서의 구원이나 하늘에서의 영광 안에서 모든 거룩한 천사들과 하나님 자신이신 거룩하신 그리스도 안에서까지 순종은 거룩함으로 가는 통로이다. 순종 그 자체는 거룩함이 아니지만 하나님의 뜻을 수용하고 행하려는 그 의지가 하나님과 그분의 거룩하심에 연결되게 한다. 그분의 목소리를 청종하는 것은 하나님께서 그 스스로와 거룩한 자로서 그분의 복된 성품을 온전히 드러내고 우리와 연합되게 하는 길로 인도하심을 따르는 것이다.

순종은 하나님의 뜻을 아는 지식도 아니며, 심지어 그 뜻에 찬성하고 그것을 따르려고 마음먹는 것도 아닌 오직 그것을 행하는 것이다. 지식과 찬성하는 마음과 의지는 모두 행동이 뒤따라야 한다. 하나님의 뜻은 행해져야 한다. "너희가 내 말을 잘 듣고 내 언약을 지키면 거룩한 백성이 되리라." 하나님께서 거룩함에 관해서 그분의 백성들에게 요구하신 것은 믿음도 예배도 경배도 아니다. 오직 온전한 순종이다.

하나님의 뜻은 이 땅과 하늘에서 반드시 이루어져야 한다. "너희가 내 모든 계명을 기억하고 행하면 너희의 하나님 앞에 거룩하리라"(민 15:40). "너희는 스스로 깨끗하게 하여 거룩할지어다. 나는 너희의 하나님 여호와이니라. 너희는 내 규례를 지켜 행하라. 나는 너희를 거룩하게 하는 여호와이니라"(레 20:7-8). "너희는 내 계명을 지키며 행하라. 나는 여호와이니라. …나는 이스라엘 자손 중에서 거룩하게 함을 받을 것이니라. 나는 너희를 거룩하게 하는 여호와요 너희의 하나님이 되려고 너희를 애굽 땅에서 인도하여 낸 자니 나는 여호와이니라"(레 22:31-33).

한순간의 고찰은 이 의미를 더욱 분명히 한다. 한 사람의 행동은 그가 어떤 사람인지를 드러낸다. 나는 무엇이 좋은지는 알지만 그것을 아직 받아들이지 못할 수 있다. 또는 받아들이지만 여전히 그것을 원하지는 않을 수도 있다. 어떤 의미에서 나는 무엇인가를 원하지만 그럼에도 그것을 행할 만큼의 에너지나 자기희생, 혹은 능력이 부족할 수도 있다.

생각하는 것은 의지를 갖기보다 쉽고, 의지를 갖는 것은 행동하는 것보다 쉽다. 행동만이 내가 관심 있는 대상이 나를 온전히 사로잡고 있는지를 증명한다. 하나님은 그분의 뜻이 이루어지기를 원하신다. 이것만이 순종이다. 이 방법을 통해서만 우리가 모든 힘과 의지를 다해 전심으로 하나님의 뜻에 굴복했는지, 그분의 뜻에 따라 살고 행함으로써 그 뜻이 이루어지도록 희생할 각오가 되어 있는지 알 수 있다. 하나님은 우리를 거룩하게 하시기 위해 오직 이 방법만을 생각하셨다. "너희는 내 규례를 지켜 행하라. 나는 너희를 거룩하게 하는 여호와이니라."

이 가르침은 거룩함을 좇는 모든 사람에게 매우 중요하다. 순종은 거룩함이 아니다. 거룩함은 훨씬 더 고상하고 하나님으로부터 우리에게 내려오는 어떤 것이다. 혹은 하나님께서 우리에게 오시는 것에 관한 것이다. 그러나 순종은 거룩함을 위한 필수 요소이다. 거룩함은 순종 없이 존재할 수 없다. 당신의 마음이 하나님의 뜻을 따르고 믿음으로 하나님께서 그리스도 안에서 당신을 위해 행하신 일들을 돌아볼 때, 하나님께서 여전히 성령을 통해 "평강의 하나님이 친히 너희를 온전히 거룩하게 하신다"는 언약을 성취하시는 일들을 바라볼 때 한순간도 순종을 잊어버리지 않을 것이다.

"너희가 내 말을 잘 듣고 내 언약을 지키면 거룩한 백성이 되리라." 행하는 것이 옳다고 생각되면 즉시 행하기 시작하라. 당신의 양심이 하나님의 뜻이 아니라고 하는 것은 즉시 포기하라. 은총과 능력을 위해서 기도할 뿐만 아니라 행동하라. 하나님께서 말씀하시는 바를 행하라. 예수님은 "내 동생들은 곧 하나님의 말씀을 듣고 행하는 이 사람들이라"고 말씀하셨다. 하나님의 모든 자녀는 그분의 뜻에 따라 태어났으며 그 뜻을 행할 때 그에게 생명이 있다. 아버지의 뜻대로 하는 것은 양식이요 힘이요 모든 하나님 자녀들의 표시이다.

단순하고 온전한 순종의 삶을 사는 것은 그리스도인이 된다는 말 속에 함축된 의미이다. 그러나 많은 그리스도인이 때로는 올바른 지도의 부족으로, 때로는 하나님의 말씀이 가르치는 바에 충분히 주의하지 않음으로 순종이 그리스도인의 삶에서 최상의 위치에 자리 잡고 있다는 사실을 전혀 깨닫지 못한다. 그들은 그리스도와 구속과 믿음을 통해 하나님의 사랑과 형상과 영광을 맛보고 이를 통해 순종에 이르게 된다는 사실을 알지 못한다. 우리는 모두 그 사실을 간과함 때문에 고통을 이미 겪었을지 모른다.

완전한 평강과 믿음의 안식을 위한 우리의 모든 기도와 싸움에서 무엇인가 비밀스러운 것이 그리스도와 동행하는 기쁨과 그리스도인으로서 생명의 힘이 커가는 축복을 막거나 깨달았던 것을 빠르게 상실하게 했다. 아마도 순종의 필요성에 관한 잘못된 이해가 그 원인일 것이다. 우리의 회심으로부터 얻은 은혜의 자유로움과 강력한 능력이 에덴동산에서 원죄 때문에 멀어졌던 하나님의 뜻에 관한 능동적인 순종과 조화를 회복시키도록 우리를 인도한다. 순종은 하나님과 그분의 거룩함으로 인도한다. 순종을 통해 하나님께서 우리를 거룩함의 미로 옷 입히시고 꾸며주실 수 있도록 뜻이 조성되고 그 성품이 형성되고 속사람이 세워진다.

만약 그리스도인이 실패와 무지 때문에 이런 것들을 잃어버렸음을 깨달았다면 그는 성령의 능력 아래 그의 삶의 법으로서 자기를 과감히 버리고 완전하고 전심을 다하는 순종을 신중하게 선택해야 한다. 이스라엘 백성이 하나님의 메시지에 대한 대답으로 시내 광야에서 했던 고백을 그도 할 수 있기를 바란다. "여호와께서 말씀하신 모든 것을 우리가 준행하리이다"(출 24:3).

하나님은 율법이 육신의 약함으로 말미암아 할 수 없었던 것을 그분의 아들과 성령의 선물로 말미암아 하게 하셨다. 하나님은 시내 광야에서 돌판에 새겨주신 율법을 이제 마음판에 성령의 법으로 새겨주셨다. 성령은 순종의 능력이며 거룩한 영으로서 순종을 통해 우리의 마음에 성령의 처소를 마련하게 하신다. 이 믿음으로 자기 자신을 순종의 삶에 복종시키자. 이 언약을 깨닫는 것은 신약의 방법이다. "너희가 내 말을 잘 듣고 내 언약을 지키면 너희는 내게 대하여 거룩한 백성이 되리라."

우리는 이미 거룩함이 어떻게 본질상 하나님과 개인적인 관계, 즉 그분이 친히 임재하시는 것을 가정하는지 살펴보았다. "내가 너희를 내게로 인도하였나니 너희가 내 언약을 지키면 너희는 거룩한 백성이 되리라." 우리가 이 의미를 잘 이해하고 굳게 잡으면 순종할 수 있고 그 순종이 우리를 거룩함으로 인도할 것이다.

하나님의 말씀을 주목하라. "너희가 나의 목소리를 청종하고 내 언약을 지키면." 그 목소리는 율법이나 책보다 더 강하다. 그것은 언제나 생명 있는 누군가와의 교제를 의미한다. 그 목소리를 듣고 개인적인 친구이자 살아 계신 구원자이신 예수님의 인도를 따르는 것, 이것이 복음 순종의 비밀이다. 성령의 인도로 아버지의 임재와 뜻과 사랑이 나타나면 하나님을 기쁘시게 하려고 주님을 위해 온갖 일을 행하는 것에 대해 신약에서 말씀하셨던 의미인 개인적인 관계를 갖게 될 것이다.

이처럼 순종은 거룩함으로 가는 통로이다. 순종의 모든 행위는 살아 계신 하나님과의 연결 고리이며 그분의 뜻을 위해 하나님께서 우리를 소유하시도록 굴복하는 행위이다. 느리지만 분명한 성화의 과정에서 하나님의 뜻이 영의 양식으로 우리의 가장 깊은 내면에 수용되면 우리의 영적인 본성은 강해지고 신령해진다. 하나님께서 자신을 나타내시고 그 처소로 삼으실 수 있는 거룩한 성전으로 성장해간다.

하나님께서 거룩함을 위한 시간으로 일곱째 날을 거룩하게 하셨을 때 그 모든 일을 즉시 다 이루겠다고 하신 적은 없다. 거룩함의 나타남과 전달은 사람이 그것을 위해 준비할 수 있도록 점진적이어야 한다. 하나님께서 우리 각자를 성화시키시는 작업은 장거리 경주와 마찬가지로 시간이 필요하다. 그 과정에서 요구되는 것은 매일, 매 순간의 순종이다. 그 때문에 자기 의지로 말미암아 소비되고 주님과 살아 있는 관계를 통해 이루어지지 않는 모든 것은 잃어버리게 된다.

그러나 날마다 그분의 목소리를 듣고 순종하기에 힘쓸 때 거룩하신 하나님은 "너희가 내게 대하여 거룩한 백성이 되리라"는 그분의 말씀을 성취하기 위해 지켜보신다. 그 영혼은 하나님께서 순종하는 마음에 드리우셔서 그분의 처소로 만드실 것이라는 믿음을 가질 수 있다. 살아 계신 하나님, 거룩하신 분이 친히 그 처소를 가득 채우시고 "내가 그것을 내 영광으로 거룩하게 할 것이다"라는 언약을 성취하실 것이다.

"내가 너희를 내게로 인도하였나니 너희가 내 언약을 지키면 너희는 거룩한 백성이 되리라." 하나님은 거룩함을 구하는 당신을 자신에게로 인도하신다. 이제 그분의 목소리가 하나님의 모든 생각을 당신에게 말씀하실 것이다. 그럼으로써 당신은 그 생각들을 받아들이고 자기 것으로 만들어 그 뜻에 따라 살고 행하게 될 것이다. 하나님의 뜻이 당신의 뜻이 되게 하며 하나님과 생명뿐 아니라 뜻까지 하나가 되는 가장 온전한 연합으로 들어가 그분의 거룩한 백성이 될 것이다. 당신의 삶에서 하나님의 뜻에 귀 기울이고 그 뜻을 행하는 순종을 기쁨과 영광이 되게 하라. 그 순종이 당신을 하나님의 거룩하심으로 가까이 다가가게 할 것이다.

나는 너희를 만민 중에서 구별한 너희의 하나님 여호와이니라. …너희는 나에게 거룩할지어다. 이는 나 여호와가 거룩하고 내가 또 너희를 나의 소유로 삼으려고 너희를 만민 중에서 구별하였음이니라. 레위기 20:24,26. 자기 몸을 구별하여 여호와께 드리는 날이 차기까지 그는 거룩한즉. …자기의 몸을 구별하는 모든 날 동안 그는 여호와께 거룩한 자니라. 민수기 6:5,8. 그러므로 예수도 자기 피로써 백성을 거룩하게 하려고 성문 밖에서 고난을 받으셨느니라. 그런즉 우리도 그의 치욕을 짊어지고 영문 밖으로 그에게 나아가자. 히브리서 13:12-13.

　구별은 거룩함이 아니지만 거룩함으로 가는 길이다. 구별함이 없이는 거룩함도 있을 수 없지만 동시에 거룩함에 도달하지 못하는 구별함도 있을 수 있다. 우리가 구별을 거룩함으로 보는 실수뿐 아니라 구별됨 없이 거룩함을 구하려는 또 하나의 실수를 막을 수 있도록 이 두 가지의 차이와 관련성을 이해하는 것은 매우 중요하다.

거룩함에 관한 히브리어는 구별함을 의미하는 말에 그 뿌리가 있다. 그러나 우리가 번역하는 '구별하다(separate), 분리하다(sever), 떼어놓다(set apart)'라는 말은 무척 다른 단어이다. 비록 거룩함을 생각할 때 항상 구별함을 떠올리지만 거룩함은 그보다 무한히 더 높은 차원의 것이다.

하나님께 구별되는 것과 그분의 부르심에 굴복하는 것, 그분을 섬기기 위해 헌신하거나 성별되는 것이 종종 거룩함을 구성하는 것처럼 이해되기 때문에 거룩함을 좀 더 깊게 이해하는 것은 매우 중요하다. 그것들은 단지 시작이자 전제 조건에 불과하며 거룩함 자체는 훨씬 그 이상이라는 사실은 아무리 강조해도 지나치지 않다. 나자신과 내가 행하거나 드리는 것은 거룩하지 않지만 하나님 자신이나 그분이 내게 행하시는 것이나 주시는 것은 거룩하다. 하나님은 거룩하게 하시려고 나를 소유하신다. 나를 진정으로 거룩하게 하는 것은 하나님의 임재와 영광이다.

이스라엘 백성을 위한 하나님의 말씀을 주의 깊게 연구해보면 이 의미가 더 분명히 나타날 것이다. 우리는 레위기에서 여덟 번이나 "내가 거룩하니 너희도 거룩할지어다"라는 말씀을 찾을 수 있다. 거룩함은 하나님 최상의 속성이며 이스라엘 백성과의 관계뿐 아니라 그분의 존재와 본질, 그분의 무한한 도덕적 완전함을 표현한 것이다.

하나님은 오직 매우 느리고 점진적인 과정으로 육적이고 어두워진 인간의 마음을 가르치실 수 있었다. 하나님은 처음부터 그분의 백성에게 자신이 거룩하므로 그들도 자신과 같이 거룩하게 되는 것이 목적임을 말씀하셨다. 하나님께서 인간을 자신의 소유로 삼기 위해 구별하셨음을 말씀하신 것은(인간의 소유가 되기 위해 자기 자신을 주시기도 했지만) 현존하는 관계에 관한 것이다. 하지만 거룩한 존재나 그분이 나에게 전해주실 거룩함의 본질적인 가치에 관해서는 어떤 말씀도 하시지 않았다.

구별은 정결하게 사용하기 위해 그릇을 구별하고 소유하는 것과 같다. 그 그릇에 진정한 가치를 부여하는 것은 우리가 그것을 귀한 것들로 채우는 것이다. 거룩함은 구별이 우리에게 텅 비워놓은 채 남긴 것을 채우는 것이다. 구별은 거룩함이 아니다. 그러나 구별은 거룩함을 위해 필수적이다. "나는 너희를 만민 중에서 구별하였으니 너희는 거룩할지어다."

나는 많은 그릇 중에 섞여 있는 어떤 그릇을 선택해서 구별할 수 있다. 그러나 필요에 따라 그 그릇이 깨끗하게 될 때까지 무엇을 담거나 사용하지는 않을 것이다. 마찬가지로 하나님은 그분의 백성을 애굽에서부터 인도해 내셨으며 그분의 언약과 율법을 주시고 그들을 구별하셨다. 그들을 거룩하게 하기 위한 목적으로 자신의 다스림과 능력 속에 들어오게 하셨다. 하나님께서 그들을 따로 떼어놓고 그들 속에 하나님의 특별한 백성이자 온전히, 그리고 오직 그분의 소유임을 깨우쳐주지 않으셨다면 불가능한 일이었다. 그러므로 분리는 거룩함을 위한 필수과정이다.

나실인의 규례는 구별함이 무엇을 의미하는지 매우 명백히 드러낸다. 이스라엘은 거룩한 민족을 의미했다. 그 거룩함은 특히 성직자들에게서 찾아볼 수 있었다. 우리는 모세의 책 어디에서도 각각의 이스라엘 사람들과 관련한 거룩하여짐에 관해 읽을 수 없다. 그러나 온전히 거룩하기를 원하는 이스라엘 사람들을 위해 그렇게 될 수 있는 규례가 있었다. 나실인들은 자신을 둘러싼 평범한 사람들의 삶으로부터 자신을 구별해야 했으며 구별된 자의 삶을 살아야 했다. 이런 구별은 그림자와 전형의 시대에서 거룩함으로 받아들여졌다. "자기 몸을 구별하는 모든 날 동안 그는 여호와께 거룩한 자니라."

이 구별은 특별히 세 가지로 구성되었다. 첫째는 포도나무의 과실을 삼가는 절제, 둘째는 머리에 삭도를 대거나 면도를 하지 않는 겸손(남자에게 긴 머리가 있으면 자기에게 부끄러움이 된다), 셋째는 그 부모가 죽었을 때도 자신을 더럽히지 않는 자기 헌신이다. 여기서 우리가 특별히 주목해야 할 것은 그 구별이 율법에 반하는 것이 아니라 율법적인 것으로부터의 구별이었다는 사실이다. 아브라함이 그의 아버지 집에서 살았던 것이나 이스라엘 민족이 애굽에서 살았던 것은 죄가 아니었다. 하지만 진정한 구별은 죄로 드러날 수 있는 것으로뿐만 아니라 우리를 거룩하게 하시려는 하나님께 굴복하는 것에 방해하는 모든 것에서 벗어나는 것이다.

이 사실은 우리에게 무엇을 교훈하는가? 우리는 구별됨의 필요성을 깨달아야 한다. 그것은 하나님의 임의적 명령이 아닌 사물의 고유한 성질에 그 뿌리를 둔다. 무엇을 구별한다는 것은 어떤 특별한 쓰임이나 목적을 위해 그것을 아껴두고, 그것을 선택한 사람의 뜻을 완전히 충족시킬 수 있게 함으로써 그 예정을 달성하는 것이다. 그것은 일의 모든 영역에 있는 원리이다.

학문이나 일의 한 가지 영역을 완전히 구별하는 것은 성공과 완벽으로 이끄는 길이다. 내 앞에 쭉 곧게 뻗은 채 빽빽이 서 있는 나무들로 가득한 참나무 숲이 있다. 숲의 외곽에는 한 그루의 나무가 다른 나무들과 구별되어 홀로이 서 있다. 그 묵직한 줄기와 넓게 뻗은 가지는 구별되어서 그 자신만을 위해 넓은 땅을 차지하고 있는 것이 무엇을 나타내는지 증명하는 듯하다. 구별된 장소는 뿌리와 가지들이 뻗어 나갈 수 있는 그 웅장한 성장의 비밀이다. 우리 인간의 힘은 제한적이다. 하나님께서 우리를 완전히 소유하시고 우리가 그분을 온전히 즐거워한다면 그분께 구별되는 것은 단순하고 자연스럽고 꼭 필요한 요건이 될 것이다. 하나님은 우리가 그분께 모두 맡기고, 또한 그분 자신을 완전히 우리에게 주기를 원하신다.

우리는 구별의 목적을 알아야 한다. 그 목적은 하나님의 말씀에서 분명히 나타난다. "너희는 나에게 거룩할지어다. 이는 나 여호와가 거룩하고 내가 또 너희를 나의 소유로 삼으려고 너희를 만민 중에서 구별하였음이니라." 이 말씀의 의미를 깊이 연구해보면 하나님은 자신을 위해 우리를 구별하셨는데 그 목적은 친히 우리 안에 거하시고 자신을 나타내 보이시기 위함이었다. 그분의 거룩하심은 그분의 모든 완전함의 총체이자 요약이다. 우리를 구별하신 것은 자신과 같이 거룩하게 하시기 위함이다. 구별 그 자체는 절대 가치가 없다. 만약 구별이 목적이라면 매우 잘못되거나 고통을 줄 수 있다. 모든 것은 구별함의 목적에 달려 있다.

하나님께서 우리를 구하시고 온전히 소유하실 때, 그리스도 안에 있는 영원한 생명이 나의 모든 존재를 주관할 때, 성령이 충만히 흘러 나를 통해 자유롭게 역사하심으로 내가 하나님 안에, 하나님께서 내 안에 거하실 때 구별은 어떤 관례나 의식이 아니라 영적인 실재가 될 것이다. 우리가 살펴보았듯이 하나님의 구별하신 목적을 수용하고 따르면 "무엇을 구별해야 하며 구별함에 따라 어떤 희생이 요구되는가?"라는 어려운 질문에 대한 답을 쉽게 찾을 수 있을 것이다. 하나님은 그분의 거룩함과 교제로 이끌지 않는 모든 것으로부터 우리를 구별하신다.

무엇보다도 우리는 구별의 힘, 우리를 소망과 기쁨, 자유와 사랑의 마음으로 이끄는 힘을 알 필요가 있다. 인간의 언어에서 구별에 관한 가장 위대한 단어는 '나의 것'이라는 말이다. 이 말로 인해 우리는 수고와 행복의 당연한 이유를 발견한다. 어린아이는 장난감이 그 이유일 것이고, 노동자는 소득과 보상, 그리고 애국자는 국가를 위해 죽는 것일 것이다.

'나의 것'은 다른 모든 것으로부터 자기 것을 구별한다. 어린아이가 엄마에게 "우리 엄마"라고 말하고 "내 아들아"라는 대답을 듣는 것이든, 신랑이 신부를 그 부모로부터 데려와 자신의 것으로 삼는 것이든, 거룩하신 하나님께서 "내가 너희를 나의 소유로 삼으려고 너희를 만민 중에서 구별하였음이니라"고 말씀하시는 것이든 '나의 것'이라는 말은 위대한 사랑의 단어이다. 사랑이 마음을 끄는 그 엄청난 힘을 발휘하는 것과 다른 모든 것을 자신에게로 이끄는 이유는 그것이 항상 나의 것이기 때문이다.

하나님도 "너희가 내 것이라"는 말씀만큼 더 중대한 주장과 강력한 매력을 갖는 것이 없음을 아신다. 구별의 능력은 우리가 그 목적을 연구하고 깨닫기 위해, 그 경이로운 '나의 것'이라는 말씀에 귀를 기울이고 나의 것으로 하기 위해, 그 엄청난 사랑을 깨닫고 그 소유가 되기 위해 자기 자신을 헌신하는 만큼 나에게 다가와 나의 안에서 역사할 것이다.

하나님의 사랑은 놀라운 행로를 따라 점진적으로 그 구별의 일을 한다. 그것은 구원의 과정에서 길을 예비한다. 이스라엘은 어린양의 피와 불기둥의 인도로 애굽에서 구별되었다. "그곳에서 나와 구별되라"는 명령은 사람들을 일깨워 행하게 한다. "내가 너희의 하나님이 될 것이라"는 약속은 꿈을 불러일으키고 믿음을 강하게 한다. 그것은 하나님의 모든 성도와 종들에게, 그래서 마침내 하나님 안에서 거룩하고 흠 없고 더럽혀지지 않았으며 죄인으로부터 구별된 사람들에게 길을 지시한다. 거룩함의 영, 성령의 능력으로 내주하시는 하나님의 임재에 의해 구별을 보증한다. 우리는 하나님께서 임재하심에 따른 구별의 능력을 알아야 한다.

"나와 주의 백성이 주의 목전에 은총 입은 줄을 무엇으로 알리이까?" 모세가 말했다. "주께서 우리와 함께 행하심으로 나와 주의 백성을 천하 만민 중에 구별하심이 아니니이까?" 하나님께서 함께하심을 의식하고 우리가 그분의 소유가 되는 것은 세상과 세상의 사상, 우리 자신과 자신의 의지로부터 진정한 구별을 가능하게 한다. 우리가 구별하심과 그 상을 받아들이고 그 안에서 인내해 나간다면 하나님의 거룩하심이 들어와 우리를 소유할 것이다.

그러면 우리는 하나님의 소유, 그분의 백성이 되는 것은 단순히 그분의 것으로 간주하거나 인정되는 것, 그 이상으로 극히 중요한 것임을 깨닫게 된다. 즉 성령의 능력과 내주하심으로 하나님께서 우리 존재와 감정과 의지를 그분의 생명과 거룩함으로 채우신다는 의미이다. 하나님은 자신을 위해 우리를 구별하시고 그분이 거하시기 위해 거룩하게 하신다. 그분은 그리스도께서 마음속에 내주하게 하심으로 우리 각 개인을 소유하신다. 그때 우리는 우리 안에 거하시는 하나님의 임재로 인해 진정으로 구별되고 지속해서 구별될 수 있다.

지극히 존귀하며 영원히 거하시며 거룩하다 이름하는 이가 이와 같이 말씀하시되 내가 높고 거룩한 곳에 있으며 또한 통회하고 마음이 겸손한 자와 함께 있나니 이는 겸손한 자의 영을 소생시키며 통회하는 자의 마음을 소생시키려 함이라. 이사야 57:15.

이사야가 하나님을 거룩하신 분으로, 또한 그분의 백성을 구속하고 구원하시는 자로 나타낸 모습은 대단히 놀랍다. 하나님은 자신을 위해 창조하고 조성하신 백성 한가운데 거룩하신 분으로 거하시면서 자신의 권능과 영광을 보여주시고 그들을 기쁨과 만족함으로 채우실 것이다.

그러나 이 모든 약속은 전체로서 백성 모두에 대한 것이다. 하지만 지금 본문을 보면 하나님께서 새롭고 특별하게도 각 개인과 관계에서 거룩하심을 아름답게 약속하고 계신다. 거룩하다 이름하며 영원히 거하시는 지극히 존귀하신 이는 통회하고 마음이 겸손한 백성을 바라보시고 그 사람 안에 거하기 원하신다. 하나님의 거룩하심은 그분의 겸손하신 사랑이다. 그 거룩함은 하나님 앞에서 자신을 높이는 모든 것을 태우는 불인 동시에 겸손한 심령에는 영을 소생시키고 생명을 비추는 햇빛과 같다.

우리가 이 약속을 신약에 나타난 다른 약속들과 연결할 때 그 심오한 중대성이 더욱 분명히 나타난다. 구약보다 월등하다고 할 수 있는 신약의 큰 특징은 구약에서는 율법과 그 제도 안에서 모든 것이 외부적이었던 것에 반해, 신약에서는 하나님의 나라가 우리 안에 있다고 한 것이다. 하나님의 법은 마음속에 주어지고 새겨졌고 우리 안에 새로운 영이 임했다. 하나님의 영이 친히 우리의 영혼에 거하시고 마음과 속사람이 하나님의 성전이며 집이 되기에 합당하게 지어진다. 이것은 성령의 사역에 독특한 특권을 구성한다. 위의 말씀은 아마도 구약에서 거룩하신 이가 사람들 전체에게가 아닌 신자들 개개인의 마음 가운데 거하신다는 사실이 분명히 나타나는 유일한 구절일 것이다.

이 말씀 속에 하나님의 거룩하심의 두 가지 속성이 완전히 표명된다. 그분은 높고 거룩한 장소에 거하시며 상하고 겸손한 마음에 거하신다. 위로는 천국의 존귀한 보좌에, 아래로는 우리의 통회하며 겸손한 마음에 하나님의 처소가 있다. 하나님의 거룩하심은 그분을 우리와 무한히 멀리 떨어지게 하는 영광일 뿐만 아니라 죄인들에게 가까이 이끌어 그들을 그분과의 교제와 형상으로 인도하며 그분이 거룩하시듯이 거룩하게 만들기도 한다. 거룩하신 이는 겸손한 자들을 찾으신다. 겸손한 자들은 거룩하신 이를 구한다. 이것은 우리가 배워야 할 두 가지 교훈이다.

첫째, 거룩하신 이는 겸손한 자들을 찾으신다.

통회하고 상한 심령만큼 하나님의 마음을 끌며 그분의 거룩하심에 가까이 가게 하는 것은 없다. 그 이유는 명백하다. 두 개의 몸이 동시에 한 곳에 자리 잡을 수 없다는 것은 자연과 영적인 세계의 가장 단순한 법칙이다. 새로운 거주자는 채워져 있던 공간이 비워져야 실제로 그곳을 소유할 수 있다.

인간에게 있어 그의 자아가 소유권을 가지고 있고 자기 의지가 주관한다면 하나님을 위한 공간은 없다. 자아가 왕좌에 있을 때 하나님께서 거하거나 다스리신다는 것은 불가능하다. 죄와 자기애는 눈을 멀게 하여 종종 자기 의지가 점령하고 있다는 사실을 인식하지 못하는 지경까지 이르게 한다.

하나님의 성령에 의해 드러나기 전까지는 진정한 통회와 겸손도 찾아볼 수 없다. 그러나 그 영혼은 자신이 어떻게 은밀하게 하나님을 몰아냈는지, 그래서 얼마나 수치스럽게 상했는지, 또한 하나님께서 그분의 자리에 거하실 수 있도록 자아에서 벗어나기를 얼마나 바라는지 깨닫는다.

통회라는 말 속에 그 상한 마음과 지속적인 좌절이 표현된다. 통회를 통해 그 영혼은 은밀하게 자신을 영화롭게 하고, 그럼으로써 거룩하신 이를 그분이 마땅히 홀로 채우셔야 할 권리와 축복이 있는 자리에서 몰아낸 것이 얼마나 어리석으며 얼마나 큰 죄인지 깨닫게 된다. 그때 철저히 겸손하게 자신을 버리고 아무것도 아닌 존재가 되어 하나님께 드려야 할 자리와 찬양을 내어드리는 것만을 소망하게 된다.

그러한 상함과 겸손은 고통스럽다. 엄중한 현실은 그 영혼이 자기 안에서 어떤 소망이나 희망도 찾아볼 수 없다는 것이다. 특히 자신이 하나님의 기쁨의 대상이나 축복의 그릇이 될 수 있다고는 상상조차 하지 못한다. 그러나 그것은 바로 주님의 말씀이 우리의 믿음에 주는 메시지이다. 그것은 높고 귀한 보좌에 거하시는 거룩한 분이 자신을 위해 이 땅에 거할 장소를 찾고 준비하신다는 것을 말해준다. 또한 그것은 진정으로 통회하고 겸손한 사람들은 하나님께서 그들과 함께 거하신다는 것을 절대 상상조차 하지 못했으며 지금도 거의 믿지 못함을 말해준다. 하지만 그들이야말로 하나님으로 영광 받으시게 하며 하나님께 자신의 자리를 내어드려 그 자리를 채우시게 하는 사람들이다.

거룩하신 분은 겸손한 자들을 찾으신다. 우리가 우리 안에 존경

할 만하거나 의지할 만한 것이 존재하지 않음을 알 때 하나님은 우리에게서 존경할 만하거나 의지할 만한 모든 것을 보시고 자신을 위한 자리를 마련하신다. 겸손한 사람은 거룩하신 분의 처소이다.

둘째, 겸손한 자들은 거룩하신 이를 구한다.

죄와 약함을 자각하고 그곳에 자아가 얼마나 가득 차 있는지를 깨달을 때 당신이 절대 거룩해질 수 없다는 사실에 두려워하게 된다. 그때 거룩하신 이가 자신을 주신다. 절대 자기 자신에게 눈을 돌리거나 지금 자기가 통회하고 겸손한 마음인지 탐구해야 하는 것이 아니다. 그렇다. 자기 안에 죄밖에 다른 어떤 것도 보이지 않으므로 모든 희망을 포기한 채 더는 자신을 보지 않을 때 거룩하신 이를 바라보게 되고 그분의 약속이 유일한 희망임을 깨닫게 된다.

거룩하신 이가 통회하는 사람들의 영혼에 나타나시는 것은 믿음으로만 가능하다. 믿음은 항상 우리가 느끼고 생각하는 것과 반대된다. 믿음은 하나님 한 분만을 바라본다. 믿음은 그 가장 깊은 불경함에 관한 의식과 절대로 거룩해질 수 없다는 두려움 속에서 거룩하시며 거룩하게 하시는 하나님께서 구원자와 구속자로서 가까이 계심을 믿게 한다.

믿음은 자신의 무가치함과 무지함을 의식하는 가운데 낮아지는 것에 만족하며 하나님이 친히 통회하는 자의 마음을 소유하고 회복시키시리라는 확신 속에 즐거워한다. 나약함과 권능, 공허함과 충만함, 진정한 겸손함과 가장 놀라운 하나님의 내주하심이 항상 동시에 일어나는 경험임을 깨닫는 영혼은 행복하다.

이것은 실로 영적인 생명의 깊은 비밀이다. 인간의 이성으로 볼 때 이것은 역설이다. "우리는 속이는 자 같으나 참되고 무명한 자 같으나 유명한 자요. 죽은 자 같으나 보라 우리가 살아 있고 징계를 받는 자 같으나 죽임을 당하지 아니하고 근심하는 자 같으나 항상 기뻐하고 가난한 자 같으나 많은 사람을 부요하게 하고 아무것도 없는 자 같으나 모든 것을 가진 자로다"(고후 6:8-10)라는 바울의 말은 천국의 법칙을 표현한 것이다.

자아가 추방되고 사람이 무가치함을 느낄 때 하나님이 전부가 될 것이다. 무가치함과 약함에 관한 깊은 의식과 나란히 영원한 부유함과 형용할 수 없는 기쁨이 마음을 채울 것이다. 거룩하신 이와의 친밀함, 축복과 사랑, 실제적인 내주하심이 얼마나 깊고 복된 경험이든 간에 그것은 절대 옛 자아가 다시 자리 잡지 않는 것이다. 하나님 한 분만 높이 여기심을 받을 수 있는 자리를 만들기 위해 자기를 낮출 때 하나님께서 영원히 거하실 것이다. 그리스도의 죽음의 권능, 그분의 십자가에 참여함은 매 순간 그분의 부활의 능력과 기쁨이 함께하는 것이다. 믿음의 복된 삶에서 겸손과 높이 여김을 받음은 동시에 일어난다. 그것은 상호의존적이다.

겸손한 사람은 거룩하신 이를 찾는다. 그리고 그분을 찾았을 때 그분을 소유함으로 더욱 겸손해진다. 겸손한 사람에게 소유로써 자기를 높이려는 육체의 유혹이나 위험이 없는 것은 아니다. 오직 그 위험을 알기에 하나님께만 더 단단히 붙어 있어야 한다는 두려움을 갖고 지속해서 의지할 수 있는 은혜를 더욱 구하게 되는 것이다.

한순간도 당신의 힘으로 자아나 육체가 완전히 죽은 상태를 누릴 수 있다고 기대하지 마라. 그렇다. 당신은 믿음으로 예수님과 교제로 들어가 그분과 동행하게 된다. 그때 자아와 육체가 십자가에 못 박힌다. 그분과 동행할 때 당신은 그 권세로부터 자유롭지만 오직 믿을 때 그 믿음이 자아를 몰아내고 예수 안에 거하게 한다. 그러므로 하나님의 은혜가 더욱 풍성할수록, 거룩하신 이의 내주하심이 더 복될수록 더욱 자기를 낮추고 겸손함을 유지하라. 당신의 위험은 매우 크지만 그만큼 당신의 도움이 더 가까이 있다. 그 위험을 고백하며 떠는 것을 기쁘게 여겨라. 그것이 당신을 믿음으로 담대하게 함으로 승리를 외치게 할 것이다.

스스로 무가치한 자이며 은혜만을 믿는다고 고백하는 그리스도인이여 당신이 그 놀라운 메시지를 들을 수 있도록 기도한다. 거룩함이라고 이름하며 거룩한 곳에 거하시며 거룩한 장소가 아니면 다니실 수 없는 높고 존귀한 분이 이 땅 위에 거할 곳을 찾으신다. 당신이 그 처소를 드리지 않겠는가? 티끌 가운데 엎드려 하나님께서 그토록 거하기 원하시는 당신의 겸손한 마음을 찾으시도록 하지 않겠는가? 지금 당신이 얼마나 부서지고 낮은 마음이든 간에 하나님께서 그분의 처소로 삼기를 기뻐하신다는 사실을 믿지 않겠는가?

"심령이 가난한 자는 복이 있나니 천국이 그들의 것임이요"(마 5:3). 왕이 그들과 함께 거하신다. 이것이 거룩함으로 가는 길이다. 겸손하라. 그리고 하나님께서 당신을 거룩히 가까이하시고 임재하심이 당신의 거룩함이 되게 하라. "내가 거룩하니 너희도 거룩하라." 당신이 그 명령을 들을 때 믿음으로 그 약속을 외치고 대답하라. "오, 지극히 거룩하신 하나님. 거룩하신 당신이 저와 함께 계신다면 제가 거룩하겠나이다."

죄로부터 해방되어 의에게 종이 되었느니라. 이제는 너희 지체를 의에게 종으로 내주어 거룩함에 이르라. …그러나 이제는 너희가 죄로부터 해방되고 하나님께 종이 되어 거룩함에 이르는 열매를 맺었으니 그 마지막은 영생이라. 로마서 6:18-19,22. 그리스도 예수 안에서 우리가 가진 자유. 갈라디아서 2:4. 그리스도께서 우리를 자유롭게 하려고 자유를 주셨으니 그러므로 굳건하게 서서 다시는 종의 멍에를 메지 말라. 갈라디아서 5:1.

어떤 소유도 자유보다 더 귀하고 값지지는 않다. 자유보다 고무적이거나 고상한 것은 없다. 반면 노예 됨보다 더 비참하고 격하되는 것도 없다. 그것은 인간에게서 용기라든지, 결정 능력, 행동 능력, 그리고 존재와 행위의 힘 등 그가 의도하는 모든 것을 앗아가 버린다.

죄는 노예 됨이다. 우리에 대한 모든 지배권을 획득해 가장 힘든 노동을 강요해온 외부의 힘에 의한 속박이다. 그런데 그리스도의 구원이 우리의 자유를 회복시켰고 죄악의 손길로부터 풀어주었다. 그러므로 진실로 구원받은 존재로 살고자 한다면 우리의 구원을 완성하기 위해 예수 그리스도께서 행하신 일을 바라볼 뿐만 아니라 그분이 우리에게 부여하신 자유가 얼마나 완전하고 확실하며 절대적인지를 인정할 필요가 있다. 거룩함이라는 열매를 가질 수 있는 것은 오직 "예수 그리스도 안에서 우리의 자유 가운데 굳건히 설 때"만이 가능하다.

로마서에서 '거룩'이라는 단어가 거의 쓰이지 않은 것과 대조적으로, 6장에서 "거룩함에"라는 표현이 두 번이나 사용되면서 의로운 삶을 통해 이르게 되는 목적과 열매로써 그것이 얼마나 분명히 나타났는지 주목할 필요가 있다.

우리가 얻어야 할 결과를 강조하는 "거룩함에"라는 표현은 "죄로부터 해방되고 의의 종이 되고"라는 표현에 앞서 사용되었다. 이는 우리에게 죄의 권능으로부터의 자유와 의로움에 관한 굴복은 그 자체가 거룩한 것이 아니라 거룩함에 도달할 수 있는 가장 확실하고 유일한 방법임을 가르치고 있다.

그리스도 안에서 우리의 자유에 관한 진실한 통찰과 그 자유로 완전히 들어가는 것은 거룩한 삶에 필수 불가결한 요소이다. 하나님께서 자신을 거룩한 이로 드러내신 것은 이스라엘이 바로에게서 나왔을 때였다. 우리가 우리 생명의 모든 날 동안 하나님을 의로움과 거룩함으로 섬기게 되는 것은 우리 자신이 "죄로부터 자유하게 되었고" 우리 적들의 손에서 풀려났음을 알 때 가능하다.

"죄로부터 자유함." 이를 올바르게 이해하기 위해서는 두 가지의 실수를 경계해야 한다. 하나는 그 뜻을 더 국한하지 않는 것이며, 또 하나는 거룩한 영이 의미하는 것보다 더 많은 의미를 부여하지 않는 것이다.

사도 바울은 비난의 말도 하지 않았고 경험담에 관해서도 말하지 않았다. 우리는 죄의 형벌이나 저주로부터의 자유라는 의미를 제한시켜서는 안 된다. 바울은 본문에서 우리의 법적인 위치를 말하는 것이 아니라 영적인 실체(죽음과 부활의 그리스도와 연합된 살아 있는 존재, 그리고 죄의 지배와 권력으로부터 완전히 분리된 존재)에 대해 말하고 있음을 보여준다. "죄가 너희를 다스리지 못할 것이라."

또한 바울은 우리가 모든 죄로부터 자유롭게 되었다고 느낄 때의 경험을 말하고 있는 것도 아니다. 그는 우리로 하나님의 뜻과 일을 하도록 주장하기 위해 죄악이 가졌던 그 힘으로부터 우리를 마침내 분리한 엄청난 객관적인 사실에 대해 말하고 있다. 그는 이 영광스러운 사건을 믿음으로써 죄악의 명령과 유혹을 대담하게 거절하도록 우리를 재촉한다. 그리스도 안에서 우리가 갖는 자유, 죄의 지배와 힘으로부터의 자유를 아는 것은 경험으로 깨닫게 되는 방법이다.

고대에 터키인이나 무어인들은 종종 그리스도인들을 잡아 노예로 삼았다. 후에 그 속박 가운데 있던 일부 사람들에게 엄청난 배상금이 지급되었다. 그러나 그 노예국가로부터 멀리 떨어져 있던 사람들은 그 소식을 전혀 듣지 못하는 일이 잦았다. 지배자들이 그 소식을 듣지 못하도록 막았기 때문이다. 심지어 풀려난 자들조차 노예생활에 너무 익숙해진 나머지 고국으로 돌아가기 위해 해안에 이르는 시도를 해야 한다는 생각을 못했다. 나태하고 희망을 잃어버린 상황이 그들을 노예로 있게 만들었다.

그들은 자신들이 무사히 자유의 땅에 이를 수 있다는 것을 믿을 수 없었다. 몸값은 이미 배상되었다. 진실로 그들은 자유로웠다. 그러나 무지, 혹은 용기의 결핍으로 그들은 현실적으로 여전히 속박 가운데 있었다. 그리스도의 구원이 우리를 지배하던 법적인 지위('죄의 권능은 율법'이기 때문에)와 죄악을 완전하게 결말지음으로써 죄악이 더는 우리를 지배할 힘을 잃게 했음에도 말이다.

오직 우리 자신을 죄가 지배하도록 허락하고 자신을 그 노예로 다시 내어줄 때만이 죄는 우리에게 주권을 행사할 수 있다. 사탄은 우리가 자신의 노예 상태에서 아주 자유롭게 되었다는 사실을 알지 못하도록 온갖 방법을 모색한다. 그 결과 믿는 자들은 구원의 의미에 관한 생각을 제한하고 있으며 완전한 해방과 축복을 발견하고 소유하기 위한 소망과 기도를 게을리한다. 그 때문에 다른 모든 것과 비교했을 때 죄로부터 자유를 깨달을 수 있는 깊이 있는 경험이 너무나 미미하다. "하나님의 영이 거하시는 곳에 자유로움이 있다." 성령으로 그분의 빛과 이끄심을 겸손하게 구하고 인도함을 받을 때 자유는 우리의 소유가 된다.

사도 바울은 로마서 6장에서 죄로부터의 자유에 관해, 7장(3,4,6절)에서 율법으로부터의 자유에 관해 말하고 있다. 두 가지 모두 그리스도 안에서와 그분과 연합하는 가운데서 우리의 특권이다. 그러면서 바울은 로마서 8장 2절에서 경험으로 우리의 것이 된 자유에 관해 말하고 있다. "그리스도 예수 안에 있는 생명의 성령의 법이 죄와 사망의 법에서 너를 해방하였음이라." 그리스도 안에서 우리의 것인 이 해방은 또한 성령을 통해 개인적인 경험과 기쁨 가운데 우리의 것이 되어야만 한다. 후자는 전자에 달려 있다.

하나님의 자녀가 믿음을 채우면 채울수록, 그 통찰력이 더 명확해질수록, 그리스도 예수 안에서의 영광과 우리를 풀려나게 한 그 자유를 더 의기양양하게 가질수록 영광스러운 자유로움에 더 빨리, 더 충만하게 도달할 수 있다. 그 자유로움이 그리스도 안에만 있듯이 그리스도의 영만이 그 자유를 우리의 실제적인 소유로 삼으시며 우리로 그 안에 거하게 하신다. "그리스도 예수 안에 있는 생명의 성령의 법이 죄와 사망의 법에서 너를 해방하였음이라." "하나님의 영이 거하시는 곳에 자유로움이 있다."

성령은 우리에게 예수님을 주님과 주권자, 즉 우리에 대한 통치권을 가진 유일한 새로운 주권자로 나타내신다. 그분은 그리스도 안에서 하나님의 제사에 우리의 모든 생명을 굴복하도록, 우리를 바치도록, 우리 자신을 내어놓도록 인도하고 계신다. 그분이 이 일을 행하실 때 우리의 믿음이 죄악으로부터의 자유로움에 대해 의식할 수 있고 깨달을 수 있게 된다.

포로들은 구원의 완전함을 믿을 때 '하나님의 자유인'으로서 나아가게 된다. 이제 그들은 죄악이 더는 복종을 강요할 힘이 없음을 알고 있다. 죄는 그 오랜 권리를 찾으려고 할지 모른다. 그래서 아직 권력을 가진 듯 말할지도 모른다. 또다시 두려움과 굴복으로 몰아넣으려고 할 수도 있다. 그러나 우리가 해방되었음을 망각한 채 그 유혹에 넘어가 죄에 힘을 주지 않는 한 우리에게 더는 어떠한 권세도 가질 수 없다.

우리는 하나님의 자유인들이다. "우리는 그리스도 예수 안에서 자유를 가진다." 바울은 로마서 7장에서 여전히 율법을 이루고자 하나 전혀 도움이 되지 않는 영혼(자유 없이 온 마음이 원하는 바를 하고자 죄악 가운데 팔리고 속박된 노예인)의 처절한 모습에 대해 묘사하고 있다. 그러나 성령께서 그 자리를 대신하셨을 때 "오호라. 나는 곤고한 사람이로다"(롬 7:24)라는 그의 불평은 "예수 그리스도를 말미암아 하나님께 감사하리로다. 생명의 성령의 법이 나를 자유롭게 만들었느니라"는 찬양으로 변화되었다.

지금도 하나님의 뜻을 행할 힘이 부족함과 성공적이지 못한 수고, 좌절된 희망, 끊임없는 실패에 대한 셀 수 없이 많은 불평이 수

천 가지의 형태로 메아리친다. "오호라. 나는 곤고한 사람이로다!" 그러나 여호와 하나님께 감사하라. 우리는 해방되었다. "그리스도께서 우리를 자유롭게 한 그 자유로! 그러므로 너희도 거룩할지어다. 일어서라. 그리고 다시는 속박의 멍에에 매이지 마라."

사탄은 항상 우리를 죄악이나 법의 멍에 가운데 두려고 한다. 죄나 법이 우리 위에 그 힘을 가졌던 것처럼 다시 속박의 영을 만들어 내려고 한다. 이런 속임수가 당신을 묶도록 놔두지 마라. 그리스도께서 당신을 해방하신 능력으로 자유로움 가운데 굳게 서라. 그분의 메시지를 들어라. "죄로부터 해방되고 의로 종이 되었느니라. 거룩함으로 의에 이르러 종이 되었느니라." "죄로부터 해방되고 하나님께 종이 되고 거룩함에 이르는 열매를 맺었으니." 당신은 거룩해지기 위해 자유로워야 한다. 당신을 통해 일하시고 당신 안에서 호흡하시는 성령께서 그분의 비밀스럽고 온화하지만 강력한 일을 행하시기 위해 자유로워야 한다. 그러면 예수님이 당신을 위해 획득하신 모든 자유 안에서 성숙해질 수 있다.

하나님의 성전이 모든 다른 주인과 쓰임으로부터 자유로워져서 하나님과 그분만을 위한 예배의 장소가 되지 않는다면 하나님의 거하심으로 거룩해질 수 없다. 우리가 모든 다른 지배자와 권력, 속박의 멍에에, 혹은 두려움과 의심으로부터 자유로워져서 하나님의 영이 우리를 진정한 거룩함 가운데 열매를 맺는 완전한 자유 가운데로 인도하시도록 하지 않는다면 우리 마음속의 성전은 진실하고 완전하게 거룩해질 수 없다.

당신은 죄악으로부터 자유로워졌고 의로움의 종이 되었기 때문에 거룩함의 열매를 얻게 된다. 그 마지막은 영원한 자유와 의로움과 거룩한 생명이다. 이는 다가올 영광에 이르는 여정의 단계들이다. 우리가 믿음으로 그리스도 안에서 갖는 자유로움 속으로 더 깊이 들어갈수록 하나님의 지체들을 의의 도구로 더 기쁘고 자신감 있게 나타낼 수 있다.

하나님은 우리가 기쁘게 행해야 할 뜻을 가지신 아버지시며 그분의 은혜는 완전한 자유이다. 구원자는 사랑으로 우리를 순종하게 하는 주님이시다. 그 자유는 무법한 것이 아니다. 우리는 우리의 적들로부터 구원받았으므로 의로움과 거룩함으로 우리의 전 생애 동안 하나님을 예배하게 될 것이다.

자유로움은 의로움의 조건이다. 또한 거룩함의 조건이다. 하나님의 뜻을 행함은 그분과의 교제로 이끌며 하나님과 동감을 갖게 한다. 이것으로부터 하나님의 임재의 반영, 즉 거룩함이 나타난다. 죄로부터 해방되고 하나님과 의의 종이 된 우리는 이제 거룩함에 이르는 열매와 그 결과를 소유하게 되었다. 그 거룩함의 열매가 익으면 영생의 씨앗이 된다.

04

보다 더 깊은
순종을 추구하라

The Believer's Secret of Holiness _ Part 4

또 그들을 위하여 내가 나를 거룩하게 하오니 이는 그들도 진리로 거룩함을 얻게 하려 함이니이다. 요한복음 17:19. 그 후에 말씀하시기를 보시옵소서. 내가 하나님의 뜻을 행하러 왔나이다 하셨으니…. 이 뜻을 따라 예수 그리스도의 몸을 단번에 드리심으로 말미암아 우리가 거룩함을 얻었노라. …그가 거룩하게 된 자들을 한 번의 제사로 영원히 온전하게 하셨느니라. 히브리서 10:9-10,14.

예수님은 겟세마네와 갈보리로 가는 길에서 대제사장의 기도를 드리면서 아버지께 다음과 같이 말씀하셨다. "내가 나를 거룩하게 하오니." 또한 이 기도를 드리기 얼마 전에는 자신을 가리켜 "하나님이 거룩하게 하시고 세상에 보내신 아들"이라고 말씀하셨다.

우리는 성경에서 하나님께서 거룩하게 하신 것을 사람들도 거룩하게 해야 한다고 들었다. 성자를 거룩하게 하는 일에서 성부의 일은 자기 스스로 거룩하게 하는 성자의 일에 토대와 기초가 되었다. 사람으로서 그의 거룩함이 자발적이고 의식적인 자기 결정 속에서 받아들이고 수용된 자유롭고 개인적인 소유를 위해서였다면, 성부 하나님께서 그분을 거룩하시게 하는 것만으로는 충분하지 않았다. 성자는 자신을 거룩하게 해야 했다.

주님의 자기 성화는 그분의 삶 전체에서 나타났지만, 특히 십자가에서 그 절정을 이루었다. 히브리서에는 이것이 잘 설명되어 있다. 메시아는 말씀하셨다. "보시옵소서. 내가 하나님의 뜻을 행하러 왔나이다." 그 뒤에 다음 말씀이 덧붙여져 있다. "이 뜻을 따라 예수 그리스도의 몸을 단번에 드리심으로 말미암아 우리가 거룩함을 얻었노라." 하나님의 뜻은 그리스도의 몸을 제물로 드리는 것이었다. 그럼으로써 그분은 우리를 거룩하게 하려고 예정하셨다.

예수님은 자신의 몸을 드림으로써 하나님의 뜻을 행하는 것에 관해 다음과 같이 말씀하셨다. "또 그들을 위하여 내가 나를 거룩하게 하오니 이는 그들도 진리로 거룩함을 얻게 하려 함이니이다." 자기의 뜻을 하나님의 뜻에 복종시켜 겟세마네의 고난을 지시고 죽기까지 순종하신 것은 그리스도께서 자신과 우리를 거룩하게 하시기 위한 것이었다.

하나님의 거룩하심은 그분의 뜻 안에서 드러난다. 이제 그것은 이 땅 위에 인간의 삶 가운데 있는 많은 시험과 유혹 속에서 어떤 희생을 치르고서라도 전심으로 아버지의 뜻을 받아들이고 굳게 잡아야 하는 아들의 일이었다.

"그가 아들이시라도 받으신 고난으로 순종함을 배워서." 인간 본성의 뜻과 하나님의 뜻 사이의 갈등은 겟세마네에서 최고조에 달했다. 예수님께서 하나님의 뜻과는 대조되는 자기의 뜻을 말씀하셨을 때 그분의 무죄함으로 우리는 거의 떨릴 정도였다. 그러나 자기의 뜻을 고집하는 것이 무엇을 의미하는지 분명히 의식한 주님은 그 뜻을 포기하고 "아버지의 원대로 되기를 원하나이다"라고 말씀하심으로써 그 고통은 승리를 이루었다. 그분은 하나님의 뜻을 이루기 위해 자신의 생명을 버리셨다. 자신의 십자가에 못 박히심으로써 거룩함의 법을 나타내셨다.

거룩함은 우리의 뜻이 하나님의 뜻에 완전히 들어가는 것이다. 더 정확히 말하면 거룩함은 우리의 뜻이 소멸한 곳에 하나님의 뜻이 임하는 것이다. 우리의 뜻을 종식하고 그것에서 벗어나는 유일한 방법은 우리의 뜻을 하나님의 의로운 심판 아래 두는 것이다. 그리스도는 십자가의 죽음에 굴복함으로써 자신을 거룩하게 하셨으며 우리 역시 성화되어 진리와 함께 거룩해질 수 있게 하셨다.

성부 하나님께서 그 아들을 거룩하게 하신 것처럼 성자 예수님도 그 원리를 적용해 자기 자신을 거룩하게 하셨다. 그러므로 그분이 거룩하게 만드신 우리도 그 원리를 적용해야 한다. 그리스도는 자신을 죽음에 내어주는 십자가 외에 다른 어떤 방법으로도 아버지로부터 받아 소유한 거룩함을 실현하실 수 없었다. 마찬가지로 우리가 예수님 안에서 얻은 거룩함도 십자가가 아닌 다른 어떤 방법으로도 이룰 수 없다. 예수님과 우리의 성화는 십자가라는 공통의 흔적을 갖고 있다.

앞에서 우리는 순종이 거룩함으로 가는 길이라는 사실을 배웠다. 우리는 그리스도 안에서 완전한 거룩함의 길이 완전한 순종이라는 것을 안다. 그것은 죽기까지, 생명을 포기하기까지, 십자가에 죽기까지 순종하는 것을 뜻한다. 그리스도께서 자신의 몸을 제물로 내어놓음으로써 우리에게 가져오신 성화는 죽음의 흔적을 지니고 있다. 그러므로 우리 역시 자아와 그 뜻을 못 박지 않고서는 그것에 참여할 수 없다. 십자가에 못 박힘은 거룩함의 통로이다.

이 가르침은 우리가 지금까지 알아 온 모든 것과 조화를 이룬다. 하나님의 거룩하심이 처음으로 모세에게 나타났을 때 "신을 벗으라"는 명령을 수반했다. 거룩함으로 영광스러우며 찬송할 만한 위엄 있는 하나님을 찬송하는 소리가 애굽 사람들의 죽은 몸 위로 들려왔다. 시내산에서 모세가 그곳을 거룩하게 하라는 말씀을 들었을 때 "손을 대지 말지니 짐승이나 사람을 막론하고 살아남지 못하리라"는 음성이 들렸다.

하나님의 거룩하심은 죄와 접촉한 모든 것의 죽음을 의미한다. 죽음을 통해서만, 피 흘림을 통해서만 가장 거룩하신 분께 다가갈 수 있다. 그리스도는 우리를 위해 자신을 거룩하게 하시려고, 또한 가장 거룩하신 분인 이스라엘의 거룩하신 하나님께 가는 통로를 열어주시기 위해 저주로 말미암은 죽음일지라도 기꺼이 택하셨다. 이는 오늘날에도 같다.

하나님을 보고도 살아남을 수 있는 사람은 없다. 오직 죽음, 자아와 본성이 죽을 때 하나님께 가까이 인도되어 그분을 볼 수 있다. 그리스도께서 그 길을 인도하신다. 하나님을 보고도 살아남을 수 있는 사람은 없다. "그러면 주여, 저를 죽게 하소서. 저는 주님을 뵈어야만 합니다!" 그리스도께서 우리에게 주신 이 권리는 얼마나 실제적인가! 그분의 죽음 때문에 우리가 살 수 있도록 하신 이 연합은 얼마나 진실한가! 자아가 날마다 죽음의 자리로 나아갈 때 그리스도의 생명과 거룩함이 우리의 것이 될 수 있다.

죽음의 자리는 어디인가? 거룩함과 하나님께로 인도하는 십자가의 죽음은 어떻게 우리 안에서 성취될 수 있는가? 하나님께 감사하라! 우리 자신의 힘으로, 우리를 지치게 하는 인위적인 십자가에 못 박힘으로는 할 수 없다. 우리를 거룩하게 하는 십자가에 못 박힘은 성취된 사실이다. 우리가 십자가에서 들었듯이 말이다. "다 이루었다!" 그리스도는 십자가 위에서 우리를 위해 자신을 거룩하게 하심으로 우리가 거룩하여지게 하셨다. 우리가 십자가에 못 박힘은 성화됨과 마찬가지로 그리스도 안에서 온전하게 완성된 일이다.

"예수 그리스도의 몸을 단번에 드리심으로 말미암아 우리가 거룩함을 얻었노라." "그가 거룩하게 된 자들을 한 번의 제사로 영원히 온전하게 하셨느니라." 성부 하나님의 선하신 기쁨이 거하는 그리스도 안에 있는 충만함으로 우리의 옛사람과 육체와 세상과 자아가 못 박히는 것은 모두 영적 실재이다. 그리스도를 갈망하고 알며 영접하는 사람은 그 안에 있는 이 모든 것을 충만하게 받는다.

그리스도는 지금까지 특별히 용서하심과 우리를 일깨우심과 은혜를 간직하심으로 알려졌었다. 이제 우리는 죄의 권세로부터 구원해주실 진정한 구원자로서 그분의 역할을 다시 구한다. 그분은 오셔서 자기의 뜻을 희생하고 소유하신 우리와의 화목으로 그 영혼을 안으신다. 그에게 "자기를 제물로 드림으로써 죄를 멀리 옮기셨다"라는 말씀이 사실이듯 우리에게도 사실이 되어야 한다. 그분은 우리가 완전히 하나님의 뜻에 굴복하고 생명을 죽음에 내어주어 하나님의 능력으로 죽은 자 가운데서 살아나게 하는 것, 자기 의지를 십자가에 못 박는 삶이 우리를 어떻게 그분 구원의 일부가 되게 하는지 보여주셨다. 그분은 그 사실을 몸소 나타내셨다.

그 사실을 바라보고 이에 뜻을 같이하는 영혼, 자기의 뜻과 목숨을 내어놓고 예수님의 죽음과 삶을 믿고 그분의 십자가에 달리심을 자기의 소유요 유산으로 여기는 영혼은 그 즐거움을 누리고 그 경험에 참여하게 된다. "나는 살기 위하여 죽노라. 내가 그리스도와 함께 십자가에 못 박혔나니 그런즉 이제는 내가 사는 것이 아니요. 오직 내 안에 그리스도께서 사시는 것이라." 이제 우리가 사는 것은 죽음을 통과하고 영원히 정복시킨 능력으로 우리 안에서 사시는 분인, 하나님의 아들을 믿는 믿음으로 사는 것이다.

"또 그들을 위하여 내가 나를 거룩하게 하오니 이는 그들도 진리로 거룩함을 얻게 하려 함이니이다." "오, 하나님이여. 내가 당신의 뜻을 행하려고 왔나이다." 하나님의 뜻은 그리스도에 의해 성취되었다. "이 뜻을 따라 예수 그리스도의 몸을 단번에 드리심으로 말미암아 우리가 거룩함을 얻었노라."

그리스도는 겟세마네에서 제 뜻을 버리고 죽음으로써 하나님의 뜻을 받아들이셨고 십자가의 죽음에 순종하심으로써 자신을 거룩하게 하셨다. 또한 우리도 진리로 거룩하게 하셨다. 자기에 대한 죽음, 자기의 뜻과 힘과 더불어 그 생명을 철저하고도 궁극적으로 포기하고 십자가와 그리스도의 못 박히심을 목표로 날마다 십자가(아직 우리가 못 박히지 않은 십자가가 아니라 죽이는 권세가 있는 그리스도께서 못 박히셨던 그 십자가)를 지는 것, 이것이야말로 거룩함 삶의 비밀이며 진정한 성화이다.

이것이 바로 당신이 간구하는 거룩함인가? 당신은 오직 하나님한 분만이 거룩하시며 우리는 부정하기에 자아를 십자가에 못 박게 하려고 임하시는 하나님의 거룩한 불이 아니고는 거룩해질 수 없음을 알고 인정하는가? "우리가 항상 예수의 죽음을 몸에 짊어짐은 예수의 생명이 또한 우리 몸에 나타나게 하려 함이라"(고후 4:10). 이 말씀은 성화되었더라도 더욱 거룩해지기를 진정으로 원하는 사람들

개개인을 위한 통로이다.

예수님은 우리를 진리 안에서 거룩하게 하려고 자기 자신을 거룩하게 하셨다. 그렇다. 우리의 성화는 그분의 성화에 기초를 두고 뿌리를 박고 있다. 우리는 그 안에 있다. 우리 존재의 비밀스러운 뿌리는 예수님 안에 심겨 있다. 우리가 알거나 느낄 수 있는 것보다 더 깊게 그 포도나무가 우리를 품고 있다. 우리를 위해 인간의 이해를 훨씬 넘어설 정도로 강력하게 영적이고 실제로 자신을 거룩하게 하신 분 안에 우리가 있다.

우리를 하나님의 자리에 이르게 하신 예수님 안에 거하자. 하나님께서 그분의 성령으로 우리를 강건하게 하셔서 우리의 거룩함이 되신 그리스도께서 마음 가운데 거하심으로써 그분의 죽음과 생명의 능력이 우리 안에서 나타나고, 하나님의 뜻이 그분에게서 이루어졌듯이 우리 안에서도 이루어지도록 기도하자.

그의 아들에 관하여 말하면 육신으로는 다윗의 혈통에서 나셨고 성
결의 영으로는 죽은 자들 가운데서 부활하사 능력으로 하나님의 아
들로 선포되셨으니 곧 우리 주 예수 그리스도시니라. 로마서 1:3-4.

위의 로마서 말씀은 그리스도의 출생에 관해 두 가지 측면에서
접근하고 있다. 그분은 육으로는 다윗의 씨에서 나신 자이며 영으로
는 사망에서 처음으로 부활하신 존재이다. 육체로는 다윗의 자손이
며 성결의 영으로는 그분의 부활을 통해 능력으로 하나님의 아들이
라고 선포되었다. 처음 출생을 통해 얻은 그분의 생명은 나약한 육
체를 따라 난 것이었지만 부활을 통해 얻은 새로운 생명은 거룩한
영의 권능의 생명이었다.

'거룩함의 영'이라는 표현은 독특한 의미를 지니고 있다. 하나님의 거룩함에 사용된 이 표현은 어떤 대상의 속성을 말하듯이 거룩함을 추상적으로 묘사하는 히브리서 12장 10절(그들은 잠시 자기의 뜻대로 우리를 징계하였거니와 오직 하나님은 우리의 유익을 위하여 그의 거룩하심에 참여하게 하시느니라)에 사용된 것과 같은 의미가 아니다. 오히려 고린도후서 7장 1절(그런즉 사랑하는 자들아 이 약속을 가진 우리는 하나님을 두려워하는 가운데서 거룩함을 온전히 이루어 육과 영의 온갖 더러운 것에서 자신을 깨끗하게 하자)과 데살로니가전서 3장 13절(너희 마음을 굳건하게 하시고 우리 주 예수께서 그의 모든 성도와 함께 강림하실 때에 하나님 우리 아버지 앞에서 거룩함에 흠이 없게 하시기를 원하노라)에 사용된 다른 표현으로써 실제적인 거룩함, 혹은 신성함을 행동으로 나타내는 거룩함의 습관을 의미하는 말이다.

사도 바울은 그리스도의 부활이 죽음에서 절정에 달한 거룩함과 성결한 삶의 명백한 결과라는 생각을 강조하기 원했기에 이 표현을 사용했다. 그분은 거룩한 생명의 영으로 사셨으며 그 영의 능력으로 다시 살리심을 받았다. 그리스도는 우리의 거룩함이 설 수 있는 유일한 터전인 성화의 삶과 죽음이 그분의 부활과 그분이 능력으로 하나님의 아들로 선포됨과 부활의 첫 열매임을 나타내는 근원이자 터전임을 우리에게 가르치신다. 부활은 거룩함의 삶이 잉태한 열매였다.

그러므로 거룩한 삶은 부활을 믿는 모든 사람의 유업이 되었다.

부활의 삶과 거룩함의 영은 절대 나뉠 수 없다. 그리스도께서 십자가의 죽음으로써 자신을 거룩하게 하셨듯이 우리도 진리로 거룩하여져야 할 것이다. 성결의 영으로 그분이 죽음에서 일어나셨을 때 거룩함의 영이 부활의 생명의 권능이 되었음이 증명되었다. 그 부활의 생명은 거룩함의 생명이 되었다.

믿는 사람으로서 당신은 부활의 생명에 참여하고 있다. 당신은 "예수 그리스도의 부활로 다시 태어났다." 당신은 "그리스도와 함께 일어났다." 당신은 "자기를 예수 그리스도 안에서 하나님께 살아 있는 존재로 간주하기를" 명령받았다. 그러나 그 생명은 당신이 그것을 알고자 힘쓰고 그것을 얻고자 할 때 능력으로 역사할 수 있다. 만약 그렇게 되기 원한다면 그리스도께서 부활하신 것이 성령의 은혜인 것처럼 그 동일한 거룩함의 영이 당신 안에서 생명의 증거와 능력이 되어야 함을 아는 것은 매우 중요하다. 그러므로 당신은 주님이 사셨던 삶 속에서 나타난 거룩함의 영을 알고 소유하도록 힘써야 한다.

그렇다면 그 거룩함의 비밀은 무엇이었을까? 그 실마리는 이것이다. "주여, 당신의 뜻을 이루기 위해 왔습니다." 그리스도에 의해 이루어진 "그 뜻으로" "예수 그리스도의 몸을 보내신 이에 의해 우리는 거룩하게 되었다." 이것은 삶과 죽음에서 그리스도께서 자신을 성화시키신 것이었다. 이것은 그 안에서 거룩함의 영이 역사하신 것이었다. 이것은 예수 그리스도 안의 생명의 영과 같은 성령께서 우리 가운데 행하실 바로 그 일이다. 하나님의 뜻 가운데 있는 삶은 거룩함의 삶이다.

그리스도는 진정한 거룩함이 인간의 생명과 연약함 가운데 있는 것임을 드러내기 위해 오셨음을 우리는 완전히 이해해야 한다. 그분은 당신을 위해 그분의 영으로 당신에게 그것을 행하기 위해 오셨다. 당신이 지적으로 그것을 이해하고 완전히 받아들이지 않는다면 성령은 당신을 거룩하게 만드실 수 없다. 우리는 하나님의 뜻을 주저함 없이 받아들이는 것이 거룩함의 능력이라는 이 진리를 전심으로 붙들도록 힘써야 한다.

그리스도께서 거룩하신 것처럼 그분과 함께 그분의 거룩함으로 거룩해지고자 하는 모든 시도는 반드시 이 진리에서 시작되어야 한다. 많은 이들이 그리스도의 삶이나 모습의 단면만을 닮고자 하지만 다른 면에서 볼 때 그것은 완전히 실패라고 할 수 있다. 그들은 예수님이 우리에게 요구하시는 자기부인의 전체적인 의미가 진실로 자신을 부인하는 것임을 깨닫지 못하고 있다. 어느 한 가지 일이라도 자기의 뜻대로 하려고 해서는 안 된다. 우리는 자아가 아니라 아버지의 뜻만을 행하신 예수님의 다스리심을 받아야 한다. "하나님의 모든 뜻 가운데서 완전하고 확신 있게 서기를"(골 4:12) 구하는 것이 제자들의 목적이자 기도이며 열망이어야 한다.

우리가 두려워하는 것과는 대조적으로 모든 일에서 하나님의 뜻을 아는 것이 가능하다. "어느 누가 행하든지 그는 알게 될지라." 하나님 아버지는 그분의 뜻을 알고자 하는 자녀를 무지한 채로 두지 않으신다. 거룩함의 영과 예수님과 그분의 거룩한 생명의 지배에 맡기는 것이 점점 더 자연스럽고 완전해짐에 따라 죄악과 자기 의지가 드러나게 될 것이다. 영적인 이해는 더욱 늘어나며 마음속에 쓰인 율법은 더욱 읽기 쉽고 알기 쉽게 될 것이다.

아버지의 뜻을 알게 되었을 때 그것을 행함이 불가능하지는 않을까 두려워할 필요는 없다. 실패와 죄에 관한 근심은 믿는 자를 로마서 7장의 경험으로 이끌어간다. 즉 "내 속사람으로는 하나님의 법을 즐거워하되"(22절), "오호라. 나는 곤고한 사람이로다"(24절). 이 말씀의 울부짖음 속에는 절박함이 보이지만 그 후에는 예수 그리스도를 통해 해방이 올 것이다. 성령님은 의지에 역사하실 뿐 아니라 행함을 위해서도 역사하신다. 지금 성령님은 "선한 것을 행하고자 하나 찾지 못했다"라고 불평만 하는 자에게 "그리스도 예수 안에 있는 생명의 성령의 법이 죄와 사망의 법에서 너를 해방하였음이라"(롬 8:2)고 강력하게 말씀하신다.

모든 일 가운데 하나님의 뜻을 알고 행하는 것이 가능하다는 이 믿음은 하나님으로부터 얻어지는 삶의 원리이며 그 안에서 당신은 거룩하다. "오, 하나님. 저는 당신의 뜻을 이루기 위해 왔습니다"라는 말씀은 구원의 원리이다. 이것이 없다면 예수 그리스도는 절대 부활하시지 않았을 것이다. 그리고 이것은 당신의 새로운 삶의 원리이다. 이를 받아들여라. 깨달아라. 행하라. 많은 믿는 자들이 모든 일에서 하나님의 뜻을 행하려는 목적을 표현하는 이 간단한 헌신의 말이 이전에는 몰랐던 부활의 삶의 기쁨과 권능으로 통하는 통로임을 발견했다.

하나님의 뜻은 그분의 도덕적 완벽함인 신령한 거룩함의 완전한 표현이다. 이 뜻을 중심에 두고 살기 원한다면 그 뜻을 따라 살아가고 그 뜻에 따라 다시 태어나고 그 뜻으로 지탱되어야 한다. 이 모든 것은 죽음에 매일 수 없고 부활의 영광이 터져 나올 수밖에 없는 예수님의 생명의 능력이었다. 예수님에게 그랬던 것은 우리에게도 그렇게 될 것이다.

거룩함은 생명이다. 이것은 이 글이 가르치는 진리의 가장 단순한 표현이다. 새로운 생명이 심어지기까지는 거룩함이 있을 수 없다. 새로운 생명은 거룩함에서 자라나지 않으면 부활의 권능으로 성장하거나 터져 나올 수 없고 열매 맺을 수도 없다. 믿는 자가 부분적으로 그리스도의 뜻과 자기 뜻을 섞어가며 영적인 면과 육적인 면에서 혼합된 삶을 살수록, 그는 거룩함을 헛되이 구하고 있는 것이다.

거룩한 삶이 곧 새로운 생명이다. 믿음 안에서 그것을 완전히 이해하고 행동하는 가운데 완전히 굴복하는 것이 거룩함으로 가는 가장 빠른 길이 될 것이다. 예수님은 우리를 위해 매일매일 믿음으로 복종하는 가운데 얻을 수 있는 새로운 본성을 준비하기 위해 사셨고 죽으셨으며 부활하셨다. 우리는 "새사람을 입었으니 이는 자기를 창조하신 이의 형상을 따라 지식에까지 새롭게 하심을 입은 자"(골

3:10)이다. 하나님 안에서 그리스도와 함께 숨겨진, 또한 우리 내면의 가장 깊숙한 곳에 숨겨진 속사람의 삶이 그것을 깨닫고 갈망하게 하자. 그 생명이 모든 거룩함의 아름다움 가운데 스스로 일하게 될 것이다.

더욱이 이 생명은 본능의 삶이 맹목적이고 비의식적인 원리를 갖고 그 대상을 향해 그것의 법에 따라 거부하지 않는 복종과 비자발적으로 일하는 것과는 다른 것이다. 이 생명은 거룩함의 영인 예수 그리스도의 생명의 성령의 삶이다. 성령은 신령한 인격체로서 우리 안에 거하시며 우리와 교제하시고 우리를 살아 있는 그리스도의 동역자로 이끌어가신다. 우리의 삶을 희망과 기쁨으로 채워가는 것은 바로 이것이다.

다시 사신 구세주는 그분의 제자들에게 성령을 불어넣으셨다. 성령은 부활하신 주를 우리의 삶의 무대로 보내셔서 우리의 개인적인 친구이자 살아 있는 인도자와 힘을 주시는 자가 되게 하셨다. 거룩함의 영은 성령이며 살아 계신 그리스도의 현존이며 권능이다. 예수님은 성령에 대해 "너희가 그를 안다"라고 말씀하셨다. 우리는 예수 그리스도의 영인 성령에 대해 알고 그분의 거룩하심을 우리의 것으로 만들기를 간절히 원하지 않는가? 만약 우리가 그분을 알지 못하거나 그분의 목소리나 그분의 길을 알지 못한다면 우리가 어떻게 '성령을 따라 걷고' 그분의 이끄심을 따를 수 있을까?

또 하나의 가르침이 있다. 거룩함의 영이 부활의 권능으로 깨뜨린 것은 육체의 죽음과 자기 의지의 무덤이다. 그러므로 우리는 거룩한 영의 권능에 대해 경험하는 출발점에서 그 모든 의지와 행함과 함께 자아에 대한 죽음과 육체에 대한 죽음을 받아들여야 한다. 모든 죄악과의 싸움, 믿음의 행위, 혹은 기도 가운데 우리는 예수의 죽음과 자아의 죽음으로 들어가야 한다. "우리가 무슨 일이든지 우리에게서 난 것같이 스스로 만족할 것이 아니기" 때문이다.

우리는 조용한 믿음으로 그리스도께서 그분의 일을 행하시도록 그리스도의 영을 고대해야 한다. 성령은 속사람에 임하시고 당신을 권능으로 강하게 하시며, 당신 가운데 왕 되신 하나님을 위한 거룩한 성전을 지으시며 그곳에서 일하실 것이다. 그때 믿음으로 당신 마음속에 그리스도께서 내주하심을 인식하게 될 것이다. 마음과 생명의 통치자요 지키시는 자로서 그분의 완전한 계시와 주권자 되심을 개인적으로 경험하게 될 것이다.

믿음으로 그리스도께서 목적 가운데 당신 안에 거하시고 마음과 생명의 통치자요 보호자로서 온전히 나타나시고 경배를 받으심을 개인적으로 경험하는 시간이 곧 올 것이다. 하나님의 아들이 당신 안에 있는 나라에서 권능으로 선포되는 것이 사망으로부터 부활함으로 거룩함의 영에 따라 이루어질 것이다.

하나님의 성전은 거룩하니 너희도 그러하니라. …주는 몸을 위하여
계시느니라. …너희 몸은 너희 가운데 계신 성령의 전인 줄을 알지
못하느냐. 그런즉 너희 몸으로 하나님께 영광을 돌리라. 고린도전서
3:17, 6:13,19-20. 시집 가지 않은 자와 처녀는 주의 일을 염려하여
몸과 영을 다 거룩하게 하려 하되. 고린도전서 7:34. 너희 몸을 하나
님이 기뻐하시는 거룩한 산 제물로 드리라. 로마서 12:1.

우리의 거룩하신 주님은 세상에 임하실 때 다음과 같이 말씀하
셨다. "하나님이 오직 나를 위하여 한 몸을 예비하셨도다. 보시옵소
서. 하나님의 뜻을 행하러 왔나이다." 실제로 주님은 이 세상을 떠나
기 전, 십자가 위에서 그분의 몸으로 우리의 죄를 짊어지셨다. 그분

은 마음과 영혼뿐만 아니라 그 몸으로 하나님의 뜻을 행하셨다. 그래서 성경은 "예수 그리스도의 몸을 드림으로써 우리가 거룩하여 질 것에 의해"라고 말씀한다.

바울은 데살로니가교회와 그들의 거룩함을 위해 기도드릴 때 이렇게 말했다. "평강의 하나님이 친히 너희를 온전히 거룩하게 하시고 또 너희의 온 영과 혼과 몸이 우리 주 예수 그리스도께서 강림하실 때에 흠 없게 보전되기를 원하노라"(살전 5:23). 또한 그는 자기 자신에 대해 다음과 같이 말했다. "우리가 항상 예수의 죽음을 몸에 짊어짐은 예수의 생명이 또한 우리 몸에 나타나게 하려 함이라. 우리 살아 있는 자가 항상 예수를 위하여 죽음에 넘겨짐은 예수의 생명이 또한 우리 죽을 육체에 나타나게 하려 함이라"(고후 4:10-11). 그의 가장 열렬한 기대와 희망은 "살든지 죽든지 내 몸에서 그리스도가 존귀하게 되게 하려 하나니"(빌 1:20)였다.

몸과 영혼 사이의 관계는 너무 친밀하기에 영혼에서 죄의 권능은 상당 부분 몸을 통해 온다. 몸은 그리스도의 구속과 성령의 새롭게 하심의 분명한 대상이다. 그러므로 우리가 몸의 거룩함에 관한 성경의 가르침을 취하지 않는다면 거룩함에 관한 우리의 연구에는 심각한 결함이 생긴다.

비유하자면 몸은 도성의 성벽과 같다. 그 안에 혼과 영이 거하고 활동한다. 적들은 성벽을 통해 들어온다. 전쟁 때에 성벽의 가장 중요한 역할은 방어이다. 그러나 믿는 자들은 너무나 빈번하게 성벽을 지켜야 하는 중요성을 알지 못해 육체를 거룩하게 함으로써 마음과 영을 흠 없이 하는 것에 실패한다. 그들은 육체의 모든 부분을 거룩하게 하고 지키는 것이 믿음의 두드러진 행위임을 잘 이해하지 못하고 있다. 그 일은 속사람을 새롭게 하듯이 예수님의 권능과 성령의 임하심을 통해 바로 이루어져야만 한다.

이런 사실을 잘 몰라서일까? 그 일의 진행이 너무나 미약하다. 우리는 도성의 법은 예수님께 위탁하면서도 그 성벽은 우리 손으로 지키려고 한다. 그런데 왕은 우리가 기대한 것처럼 우리를 지켜주시지 않고 우리는 실패의 원인을 발견하지 못한다. 온전히 거룩하게 하시는 분은 평강의 하나님이시다. 그분은 영혼과 마음, 그리고 육체를 흠 없이 완전하게 보존하신다. 나무로 세워진 장막이든 돌로 세워진 성전이든 그 안에 있는 모든 것이 거룩하므로 거룩하다. 그러므로 하나님의 거룩한 자들은 몸을 거룩하게 해야 한다.

이를 완전히 이해하기 위해 죄가 들어오는 것은 몸을 통해서임을 기억하자. "여자가 그 나무를 본즉 먹음직도 하고 보암직도 하고 지혜롭게 할 만큼 탐스럽기도 한 나무인지라"(창 3:6). 이것은 육체의 유혹이다. 이를 통해 죄가 그 마음에까지 이르렀다. "보기에 좋았더라." 그 흔들리는 마음을 통해 "지혜롭게 되고자 하니라"는 말씀에서 보듯 죄가 영혼 속으로 전달되었음을 발견할 수 있다. 세상속에 있는 것에 대한 요한의 묘사에서 우리는 이와 같은 삼중 영역이 있음을 발견한다. "육신의 정욕과 안목의 정욕과 이생의 자랑이니"(요일 2:16).

이것은 사탄이 예수님을 세 가지로 시험한 것과 정확하게 일치한다(눅 4장 참조). 사탄은 먼저 빵을 만들어서 그분의 배고픔을 충족하라고 유혹하며 육체를 통해 접근하고자 했다. 두 번째는 마음에 호소해 이 세상의 왕국과 그 영광을 보여주며 유혹했다. 세 번째는 영혼에 접근해 몸을 절벽에서 던져 하나님의 아들임을 증명해보라고 유혹했다. 아담과 이 세상의 모든 사람에게 자연스럽고 지극히 당연한 배고픔의 식욕을 해결하고자 하는 육체의 정욕이 유혹되었듯이, 심지어 하나님의 독생자에게도 그 첫 번째 유혹이 있었다.

인간이 범한 첫 번째 죄는 먹음직해 보이는 것을 먹는 것에 대한 유혹이었다. 그런데 배고픔을 해결하기 위해 먹으라는 똑같은 유혹이 사탄과 구원자와의 첫 번째 대면에서 이루어졌다. 먹기에 좋아 보이는 것 때문에 인류 최초의 죄가 저질러졌고 배고픔을 충족시키기 위한 먹을 것이라는 유혹이 사탄과 구원자와의 첫 번째 대면에서 이루어졌다는 사실은 아무리 강조해도 지나치지 않다.

수많은 그리스도인이 부지불식중에 좋고 정당해 보이는 것을 먹고 마시라는 사탄의 유혹에 물들게 된다. 한편으로는 육체의 모든 식욕을 거룩한 영의 법과 규칙에 따라 두는 것은 불필요해 보이고 너무 어려워 보이기도 한다. 하지만 만약 그 육체가 하나님의 성전으로서 거룩해지려면 반드시 그렇게 해야 한다. 그럴 때 우리는 우리의 몸과 영으로 하나님을 영화롭게 할 수 있을 것이다. 죄의 첫 번째 공격은 몸을 통해 왔다. 그러므로 완전한 승리는 몸을 통해 얻게 될 것이다.

성경이 육체와 영 사이의 친밀함에 관해 가르치는 것은 생리학적으로 증명된다. 처음에는 단순히 신체적인 죄로 보이는 사실들이 얼룩처럼 남아 혼을 좀먹는 영향력을 준다. 이를 통해 영을 쇠약하게 한다. 반면, 영적인 범죄(생각과 상상과 기질의 범죄)는 그 영을 통해 육체로 들어가 신경구조에 그것을 고착시킨다. 심지어 표정과 육체의 습관이나 기질에 나타나게 된다.

우리가 온전한 거룩함을 얻고자 한다면 영의 영역에서뿐만 아니라 영육의 모든 오염을 정결하게 해야 한다. "영으로써 몸의 행실을 죽이면 살리니"(롬 8:13). 만약 우리가 죄악으로부터 정결하게 되고 하나님께 거룩하게 되고자 한다면 반드시 외부의 방어수단인 육체를 사탄과 죄악의 힘으로부터 특별히 잘 보호해야만 할 것이다.

그렇다면 이것이 어떻게 가능한가? 하나님은 이것을 위해 매우 특별한 계획을 세워 놓으셨다. 성경은 육체와의 연결 안에서 거룩함과 소통하는 성령, 즉 거룩한 영에 대해 명백하게 말하고 있다. 언뜻 보면 '너희 몸'이라는 표현은 '너희 개인' '너희 자신'과 동등한 것으로 단순하게 사용된 것처럼 보인다. 그러나 우리가 그 육체 가운데 있는 죄악의 힘에 관해 깊이 통찰하고 거기에 특별한 구원이 필요함을 지각함에 따라 차츰 성령의 성전인 우리의 몸이 무엇을 의미하는지 알게 된다.

사도 바울이 말한바 하나님의 거룩한 성전을 오염시키는 것은 특별히 육체의 범죄이다. 바울이 우리에게 하나님을 영화롭게 하도록 당부한 것이 그 육체 가운데 있는 성령의 권능을 통해 어떻게 이루어지는지 주목하라. "너희 몸은 너희가 하나님께로부터 받은 바 너희 가운데 계신 성령의 전인 줄을 알지 못하느냐. 그런즉 너희 몸으로 하나님께 영광을 돌리라."

성령은 육체의 욕망과 그 충족을 절제하고 통제하는 영향력을 행사해 그것이 완화되고 절제되도록 하신다(이것은 부정적인 측면에 지나지 않는다). 그뿐만 아니라 긍정적이고 영적인 측면에서 하나님의 영광을 위해 거룩한 기쁨과 자유에 헌신하는 자연스러운 역할을 하도록 하신다. 육체의 욕망은 더는 순종과 교제의 삶에 위협을 주는 장애물이 아니라 오히려 영적인 삶에 진정으로 도움이 되는 영광의 수단으로써 필요한 것이 되어야 한다. 이것은 하나님의 영에 전적으로 사로잡힌 거룩한 생명으로 가득 찬 몸 안에서만 가능할 것이다.

어떻게 이런 변화가 이루어질 수 있는가? 진정한 그리스도인의 삶에서 소유에 대한 포기와 생명에 대한 죽음과 같은 자기부정은 기쁨에 이르는 통로이다. 우리가 바르게 사용하거나 즐거워할 수 있는 자유와 힘을 가지고 있다고 생각하는 한(비록 절제 가운데 그렇게 할지라도) 아직 자신의 부정함이나 성령에 따라 매우 새롭게 되어야 할 필요성을 깨닫거나 고백하지 못하고 있다. "하나님께서 지으신 모든 것이 선하매 감사함으로 받으면"(딤전 4:4)이라고 말하는 것으로는 충분하지 않다. 이에 이어진 말씀을 기억해야 한다. "하나님의 말씀과 기도로 거룩하여짐이라"(5절).

모든 피조물과 그 쓰임을 거룩하게 하는 것은 자기 자신을 거룩하게 하는 것만큼 실제적이고 엄중한 것이다. 그리고 만약 필요하다면 하나님께서 우리에게 진실로 그분의 영광만을 위해 육체를 사용할 권능을 주실 때까지 우리가 그것을 사용할 수 있는 선물과 자유를 단념할 때 그렇게 될 것이다.

결혼하는 것을 금한 사람들을 매우 비난한 바울은 하나님께서 만드신 제도 가운데 가장 성스러운 것 중 하나인 결혼에 관해 자발적인 독신이 '몸과 영혼이 모두 거룩해지는' 가장 확실하고 타당한 방법일 수도 있다고 분명하게 말했다. 하나님께서 거룩하시듯이 거룩해지는 것이 삶의 가장 중요한 갈망과 목표가 되면 그 숭고한 목적을 향한 것인지 아닌지에 따라 모든 것이 소중히 여겨지거나, 아니면 버려질 것이다. 몸의 생명 속에 거하시는 성령께서 적극적이고 실제로 행하시는 일들이 제단에서 끊임없이 타오르는 불이 될 것이다.

어떻게 이것을 얻을 수 있는가? 영과 함께 있는 몸을 통해 일하시는 분은 하나님이시다. 하나님은 그리스도 안에서 우리를 지키시는 자요 우리를 거룩하게 하시는 분이다. 도시의 성벽을 지키는 일은 그 내부를 통치하는 이에게 맡겨져야 한다. "그가 나의 가진 것을 지켜주실 줄을 확신하노라." 구원을 위해 우리가 그분께 영혼을 위탁한 것이 진실이었듯이 의심과 죄를 만들어냈던 몸과 그 각 기능에도 진실이어야 한다.

은행에 예치된 기탁금은 안전한 보관을 위해 나의 손을 떠난 돈이다. 마찬가지로 거룩해지기를 원하는 몸이나 각 신체도 반드시 예수님께 맡겨진 기탁금이 되어야 한다. 우리의 믿음은 하나님의 수용하심과 지켜주심을 확신해야 한다. 기도와 찬양은 그 확신을 매일 새롭게 하고 그 기탁금의 보관을 확실하게 하며 예수님과의 교제를 유지하게 한다.

이처럼 우리가 그분의 거룩하심 속에 믿음과 기쁨의 삶으로 거하게 되면 우리를 거룩하게 하신 그분 안에서 우리가 얼마나 온전하고 완전한지 증명할 힘을 얻게 될 것이다. 하나님의 거룩함이 그분의 백성 가운데 있다는 것이 얼마나 실제적이고 참된지를 나타낼 수 있을 것이다.

그런즉 사랑하는 자들아 이 약속을 가진 우리는 하나님을 두려워하는 가운데서 거룩함을 온전히 이루어 육과 영의 온갖 더러운 것에서 자신을 깨끗하게 하자. 고린도후서 7:1.

거룩함은 깨끗이 하는 것 그 이상의 것이며 반드시 그보다 먼저 이루어져야 한다. 신약에서도 여러 구절에 다음과 같이 기록되어 있다. "그리스도께서 교회를 사랑하시고 그 교회를 위하여 자신을 주심같이 하라. 이는 곧 물로 씻어 말씀으로 깨끗하게 하사 거룩하게 하시고"(엡 5:25-26). "누구든지 이런 것에서 자기를 깨끗하게 하면 귀히 쓰는 그릇이 되어 거룩하고 주인의 쓰심에 합당하며 모든 선한 일에 준비함이 되리라"(딤후 2:21). 씻는 것은 부정적인 측면이고 깨끗하지 않은 것을 건드리지 않고 분리하여 불순한 것을 제거하는 것이다.

거룩함은 우리 주 하나님과의 긍정적인 연합이자 연대감이며 하나님의 생명과 거룩함의 은혜에 참여하는 것이다. "주는 영이시니 주의 영이 계신 곳에는 자유가 있느니라. 우리가 다 수건을 벗은 얼굴로 거울을 보는 것 같이 주의 영광을 보매 그와 같은 형상으로 변화하여 영광에서 영광에 이르니 곧 주의 영으로 말미암음이니라"(고후 3:17-18). 우리는 여호와 하나님께서 모세에게 하신 제단에 대한 말씀에서도 이것을 보게 된다. "또 제단을 위하여 속죄하여 깨끗하게 하고 그것에 기름을 부어 거룩하게 하라"(출 29:36). 반드시 깨끗하게 씻음으로 늘 거룩함에 이르는 길을 준비해야 한다.

사도 바울은 우리가 우리 자신을 깨끗이 씻어야 하는 이유인 육과 영의 이중적인 더럽힘에 관해 이야기한다. 이 두 가지는 매우 밀접해 모든 죄악 가운데 늘 함께 관련된다. 가장 저급하고 육적인 형태의 범죄가 영에 침투해 그것을 죄 가운데로 끌어내릴 것이며 영을 모독하고 저급하게 만들 것이다. 그리고 시간이 지남에 따라 모든 영적인 것에 대한 더럽힘이 육체적인 것에 영향을 미치게 될 것이다. 그러나 우리는 여전히 그 두 가지 종류의 범죄에 관해 이야기할 때 그것들이 그 본성의 육체, 혹은 영적인 것 중 어느 쪽에 좀 더 직접 연관이 있는지 따지곤 한다.

"육과 영의 온갖 더러운 것에서 자신을 깨끗하게 하자." 우리 몸의 기능은 세 가지 근원 아래에 분류되었다고 할 수 있다. 그것은 우리 생명의 자양분, 번식, 보호이다. 처음의 것을 통해 세상은 매일 우리에게 그 먹을 것과 마실 것으로 우리의 식욕을 자극한다. 맛있는 과일은 하와를 굴복시킨 유혹이 되었다. 그 결과 먹고 마시는 것의 즐거움은 육체를 더럽힌 최초의 형태 중 하나가 되었다.

이것과 밀접하게 관련된 것은 두 번째로 분류된 것의 기능으로 성경에서는 특별히 육체라는 단어와 연결되었다. 우리는 인간이 에덴동산에서 어떻게 죄를 범해 선악과를 먹자마자 그것이 죄이고 부끄러움이라는 것을 바로 깨닫게 되었는지 알고 있다. 바울은 고린도전서에서 이 두 가지를 항상 음주와 음행과 관련지어 밀접하게 연결하고 있다.

"음식은 배를 위하여 있고 배는 음식을 위하여 있으나 하나님은 이것저것을 다 폐하시리라. 몸은 음란을 위하여 있지 않고 오직 주를 위하여 있으며 주는 몸을 위하여 계시느니라. …너희 몸이 그리스도의 지체인 줄을 알지 못하느냐. 내가 그리스도의 지체를 가지고 창녀의 지체를 만들겠느냐. 결코 그럴 수 없느니라"(고전 6:13-15).

"불의한 자가 하나님의 나라를 유업으로 받지 못할 줄을 알지 못하느냐. 미혹을 받지 말라. 음행하는 자나 우상 숭배하는 자나 간음하는 자나 탐색하는 자나 남색하는 자나 도적이나 탐욕을 부리는 자나 술 취하는 자나 모욕하는 자나 속여 빼앗는 자들은 하나님의 나라를 유업으로 받지 못하리라"(고전 6:9-10).

그 후에 세 번째 분류에 이르는데 몸에서 나타나는 존속력이 여기에 속한다. 즉 우리의 기쁨과 평안을 방해하는 모든 것에 대한 자기 보호의 본능이다. 분노와 다툼의 열매인 '화'라고 불리는 것은 그 근원이 육체적 성질에 있으며 육체의 범죄 중 하나이다.

거룩해야 할 그리스도인은 이 모든 것으로부터 단호히 자신을 깨끗이 씻어야 한다. 그는 하나님의 영이 자신을 살피시도록 드림으로써 본능의 법과 영의 법 모두가 요구하는 인내나 자기 통제와는 전혀 조화되지 않는 그 무엇이 육체 안에 거함을 깨달아야 한다. 그는 바울이 고린도 사람들에게 그토록 가르쳐야겠다고 느꼈던 성령께서 실제로 몸속에 거하셔서 각 지체를 그리스도의 지체로 만드신다는 사실을 믿어야 한다. 그리고 그는 이 믿음으로 육체의 일을 뒤로 미루고 먼저 자기 자신을 육체의 모든 더러움으로부터 깨끗이 씻어야 한다.

"그리고 영의 온갖 더러운 것에서 자신을 깨끗하게 하자." 육체의 모든 더럽힘의 원천이 자기만족이듯이 자기 본위는 모든 영적인 더럽힘의 근원이다. 이를 하나님과의 관계에서 보면 다른 신을 섬기는 것, 하나님보다 세상을 더 사랑하는 것, 혹은 하나님의 뜻보다 우리의 의지대로 일하는 것을 뜻하는 우상 숭배에서 명확히 드러난다. 동료와의 관계에서는 시기와 증오, 사랑 결핍, 냉정할 정도의 무시, 혹은 타인에 대한 냉혹한 판단 등으로 나타난다. 마지막으로 우리 자신과의 관계에서는 자만, 욕망, 혹은 시기, 자기 자신을 중심에 두고 모든 사람이 변해야 한다고 믿으며 판단하는 성향으로 나타난다.

육체의 범죄보다 절대 덜하지 않은 영적인 더럽힘을 발견하기 위해 믿는 자들에게는 성령의 빛이 필요하다. 그럼으로써 부정함을 깨끗이 씻어내고 영원히 떠나가게 할 수 있다. 만약 우리가 무의식 중에 범한 죄라도 그것을 깨닫고자 열심히 애쓰지 않는다면 그 죄는 거룩함으로 나아가는 길의 진보를 심각하게 방해할 것이다.

"사랑하는 자들아, 자신을 깨끗하게 하자." 깨끗이 함은 때로는 하나님의 사역으로(행 15:9, 요일 1:9), 때로는 그리스도의 사역으로 (요 15:3, 엡 5:26, 딛 2:14) 불린다. 우리는 우리 자신을 깨끗이 하라는 명령을 받는다. 하나님은 성령으로 우리에게 일하신다. 성령은 우리를 각성시키셔서 그 일을 가능하게 하신다. 성령은 새 생명의 힘이시다.

우리는 깨끗하지 않은 것이면 무엇이든지 멀리 던져버리기 위해 우리 자신을 단호하게 그 힘 가운데 두어야 한다. "너희는 그들 중에서 나와서 따로 있고 부정한 것을 만지지 말라"(고후 6:17). 이것은 범죄의 일이나 그리스도인이 피해야 할 것을 하지 말아야 함은 물론, 그것과 접촉하지도 말라는 의미이다. 그것과의 무의식적인 접촉은 견딜 수 없기에 "오호라. 나는 곤고한 사람이로다"라고 외치게 된다. 깨끗하게 하는 것은 우리를 그리스도의 생명의 영이 가져온 구원에 이르게 한다.

그렇다면 어떻게 해야 우리가 깨끗해질 수 있을까? 히스기야가 더럽혀진 성전을 정화하기 위해 제사장들을 소집했을 때 그들은 "여호와의 전 안에 들어가서 깨끗하게 하여 모든 더러운 것을 끌어내었다"(대하 29:16). 그 후에야 속죄제와 성화에 대한 번제가 감사제와 함께 하나님께 드려질 수 있었으며 하나님의 은혜가 회복될 수 있었다. 이처럼 우리도 모든 깨끗하지 않은 것을 발견해 빛으로 이끌어 철저히 내던져야 한다. 죄는 아무리 깊이 뿌리를 내리더라도 결국 드러나기 마련이다. 우리가 거룩하게 되고자 한다면 반드시 기질과 습관에 뿌리내린 범죄의 뿌리를 찾아 자신을 깨끗하게 씻어야 한다.

"그가 빛 가운데 계신 것 같이 우리도 빛 가운데 행하면 …그 아들 예수의 피가 우리를 모든 죄에서 깨끗하게 하실 것이요"(요일 1:7). 우리가 모든 죄를 내면의 깊은 곳에서 하나님의 빛 가운데로 끌어내고 그 빛 가운데로 걸으면 의롭게 하는 귀한 피가 정결하게 하는 일을 할 것이다. 그 피가 하나님의 생명과 사랑으로 살아 있는 만남을 가져올 것이다. 죄와 함께 그 빛 가운데로 나아가자. 그 피는 그 권능을 나타내 보일 것이다. 우리 자신을 빛 가운데 드림으로써 자신을 깨끗이 씻어 그 빛이 죄를 드러내고 책망하며 그 피가 깨끗이 하고 거룩하게 하도록 하자.

"우리 자신을 정결하게 하자. 하나님을 두려워하는 가운데 거룩함을 이루자." 우리는 히브리서 10장 14절에서 "그가 거룩하게 된 자들을 한 번의 제사로 영원히 온전하게 하셨느니라"는 말씀을 본다. 우리는 하나님께서 거룩하게 하신 것을 받아들여 하나님께서 부여하신 거룩함으로써 그것을 거룩하게 보존해야 한다. 그럼으로써 성도들은 그리스도 안에서 온전한 거룩함을 가질 수 있다. 우리는 거룩함을 완성해야 한다. 거룩함은 전 생애에 걸쳐 이루어야 하며 그 마지막 날까지 수행해야 한다. 우리는 하나님의 거룩한 자녀로서 거룩함을 온전히 함으로 완성에 이르기까지 나아가야 한다.

우리의 복되신 주님은 우리에게 "하늘에 계신 너희 아버지의 온전하심과 같이 너희도 온전하라"(마 5:48)고 명령하셨다. 이 말씀을 두려워하지 마라. 학생은 학교를 졸업했을 때 얻고자 하는 직업에 대한 지식을 완전히 알기 위해 힘쓴다. 그리고 선생님으로부터 그 과정의 마지막에 얻고자 하는 완벽함을 위해서는 매일매일의 수업에 완벽해지려고 노력해야 한다는 말을 듣는다. 일의 작은 부분에서도 완전해지려고 하는 것은 전체를 영광스럽게 하는 온전함에 이르는 과정이다.

주님은 우리에게 하나님 아버지의 온전함 같은 그 온전함에 이르기를 요구하신다. 그분은 이미 우리를 자기 가운데서 온전하게 하셨다. 그분은 영원히 더해가는 온전함에 관한 희망을 주신다. 그분은 우리에게 매일 거룩함을 온전히 이루라고 말씀하신다. 그러므로 우리는 온 마음을 다해 온전해지는 것을 우리의 의무로 삼아야 한다. 성실한 학생처럼 모든 예배와 순종 가운데, 모든 유혹과 시련 가운데 하나님의 영이 우리로 가능하게 하신 것에 온 힘을 다해야 한다. "인내를 온전히 이루라. 이는 너희로 온전하고 구비하여 조금도 부족함이 없게 하려 함이라"(약 1:4). "평강의 하나님이 모든 선한 일에 너희를 온전하게 하사 자기 뜻을 행하게 하시고"(히 13:20-21).

"그런즉 사랑하는 자들아 이 약속을 가진 우리는 하나님을 두려워하는 가운데서 거룩함을 온전히 이루어 육과 영의 온갖 더러운 것에서 자신을 깨끗하게 하자." 믿음은 하나님을 두려워하는 가운데 거룩함을 온전하게 하고 모든 더러워진 것을 깨끗하게 하는 용기와 힘을 준다.

성령님을 따라 하나님의 사랑과 거하심에 관한 약속(고후 6:16-18)이 우리에게 성취되듯이 우리는 세상과 우리의 믿음까지도 능가할 승리를 나누게 될 것이다. 우리는 이미 지나온 길에서 성경을 통해 흐르는 천국의 안식으로부터 이 약속이 영원한 광채 속에서 놀랍도록 드러남을 보아왔다. "하나님의 성전과 우상이 어찌 일치가 되리요. 우리는 살아 계신 하나님의 성전이라. 이와 같이 하나님께서 이르시되 내가 그들 가운데 거하며 두루 행하여 나는 그들의 하나님이 되고 그들은 나의 백성이 되리라. 그러므로 너희는 그들 중에서 나와서 따로 있고 부정한 것을 만지지 말라. 내가 너희를 영접하여 너희에게 아버지가 되고 너희는 내게 자녀가 되리라. 전능하신 주의 말씀이니라 하셨느니라"(고후 6:16-18)

거룩하신 하나님께서 우리를 거룩하게 하실 것이다. 거룩하신 하나님은 낮은 자와 함께하실 것이다. 하나님은 그분의 거룩한 자 안에서 우리의 거룩함이 되기 위해 오셨다. 하나님은 우리를 우리의 구원자이신 그리스도 가운데 심으셔서 그분이 우리의 거룩함이 되게 하셨다. 성령의 거룩함 가운데 우리를 선택하신 하나님은 우리의 마음 가운데 성령을 주셨다. 지금은 그 성령을 통해 그분의 목적을 이루고 우리의 거룩함을 온전하게 하려고 그분의 사랑으로 우리를 돌보신다. 이것이 바로 우리 앞에 놓여 있는 약속들이다. "그런즉 사랑하는 자들아 이 약속을 가진 우리는 하나님을 두려워하는 가운데서 거룩함을 온전히 이루어 육과 영의 온갖 더러운 것에서 자신을 깨끗하게 하자."

사랑하는 형제들이여, 이제 우리는 하나님께서 거룩하게 하시는 모습을 보게 된다. 그 약속을 믿고 일어나 앞으로 나아가자. 하나님은 약속하신 것을 그분의 권능으로 완성하실 것이다. 모든 깨끗하지 않은 것을 성전인 내 안에서 끌어내자. 그것을 하나님의 빛 가운데로 가져가자. 죄를 고백하고 그분의 발 앞에 던지면 주님은 그것을 가져다가 흘리신 보혈로 깨끗이 하실 것이다.

그리스도 안에 있는 당신의 힘으로 그 거룩함을 온전하게 하려고 믿음 가운데 당신 자신을 내어놓아라. 하늘에 계신 아버지께서 온전하듯이 어린아이와 같이 당신 스스로 그분께 드려 당신 역시 매일의 가르침과 발걸음에서 온전하라. 당신의 헌신이 받아들여졌고 그분께 맡겨진 대가가 지급되었음을 믿어라. 그리고 우리가 구하거나 생각하는 것 이상으로 일하실 수 있는 그분께 영광을 돌려라.

05

매 순간 선택하는 것을
훈련하라

The Believer's Secret of Holiness _ Part 5

하나님의 뜻은 이것이니 너희의 거룩함이라. 데살로니가전서 4:3.
내가 하나님의 뜻을 행하러 왔나이다. 이 뜻을 따라 예수 그리스도
의 몸을 단번에 드리심으로 말미암아 우리가 거룩함을 얻었노라. 히
브리서 10:9-10.

우리는 하나님의 뜻에서 그분의 지혜와 권능의 조화를 볼 수 있
다. 지혜는 앞으로 될 것이 무엇인지를 결정하고 선포한다. 권능은
그 실행을 보증한다. 뜻의 선포는 단지 한 면일 뿐이다. 그 뜻을 완
성하고 실행하고자 하는 의지는 모든 선한 것의 근원과 존재가 되는
살아 있는 에너지이다. 우리가 법으로써 하나님의 뜻만 바라보는 한
그것을 부담으로 느끼게 된다. 우리에게 그 뜻을 수행할 힘이 없기

때문이다. 그것은 우리에게 너무나 원대하다. 그러나 믿음으로 하나님의 뜻 안에서 역사하고 그 뜻을 이루어나가는 권능을 바라볼 때 믿음은 하나님께서 친히 그 일을 수행하고 계심을 알게 함으로써 그 뜻을 받아들이고 이룰 수 있는 용기를 갖게 한다.

믿음으로 하나님의 뜻에 굴복하는 지혜는 그 권능을 경험하는 통로가 된다. "그분의 뜻을 따라 행한다." 이 말은 단지 항복을 강요하는 표현이 아니라 즐거운 기대감을 주는 말씀이다. "하나님의 뜻은 이것이니 너희의 거룩함이라." 보통 이런 표현들은 거룩함이 단순히 하나님께서 뜻하신 많은 것 가운데 하나라는 의미로 간주한다. 즉 그것은 그분의 뜻과 합하는 어떤 것이다. 이런 생각은 위대한 가치를 지닌 가르침을 담고 있다.

하나님은 분명하고 절대적으로 당신의 거룩함을 원하신다. 당신의 거룩함은 하나님의 뜻 안에 그 근원과 확실함과 존재를 가진다. 우리는 '성령이 거룩하게 하심으로 택하심을 받은', 그리고 '거룩하게 하시려고 선택된' 존재이다. 영원으로부터 하나님의 뜻과 지금 그분의 뜻이 목적하는 것은 우리의 거룩함이다.

하나님의 뜻이 그분의 지혜로 선택한 것을 행하시는 능력이 됨을 생각하고 이 진리가 어떻게 우리의 믿음을 굳건히 하고 우리를 거룩하게 할 수 있는지 보라. 하나님은 하나님의 뜻을 뿌리치지 않고 자신을 그 권능에 순복시키는 모든 사람을 위해 그들 안에서 뜻하신 바를 완수하실 것이다. 하나님께서 당신에게 원하시는 모습의 선포로서, 또한 그분이 친히 그 일을 행하심에 대한 계시로서 당신의 거룩함을 구하라.

그러나 또 다른 놀라운 생각이 기다리고 있다. 만약 우리의 거룩함이 하나님의 뜻이라면 그 중심적인 생각과 내용 등 그 뜻의 모든 부분이 하나님의 뜻을 뒷받침해야 할 것이다. 거룩함에 이르는 확실한 통로는 모든 일에서 하나님의 뜻을 진심으로 수용하는 것이 될 것이다.

하나님의 뜻과 하나가 되는 것이 거룩해지는 것이다. 거룩해지고자 하는 사람이라면 이런 마음가짐을 갖고 "하나님의 모든 뜻 가운데 서야 한다." 그 사람은 거기서 하나님을 직접 만날 것이며 그분의 거룩함의 참여자로 만들어질 것이다. 하나님의 뜻은 그 뜻에 자신을 내어놓는 각 사람에게 권능으로 그 목적을 수행할 것이기 때문이다. 거룩함의 삶에서 모든 것은 하나님의 뜻에 대한 우리의 올바른 관계에 달려 있다.

많은 그리스도인은 하나님의 모든 뜻을 받아들이는 것이나 그 뜻과 일치되는 것이 불가능하다고 생각한다. 그들은 수천 가지의 명령과 헤아릴 수 없는 하나님의 지시를 하나님의 뜻으로 본다. 때때로 단 하나의 요구를 수행하기조차 매우 어렵다는 것을 깨닫고 가벼운 실망조차 기꺼이 참아내기 어렵다는 것을 알게 된다. 그들은 하나님의 모든 뜻을 받아들였다고 담대하게 말하기 전에 은혜 안에서 수천 배 더욱 거룩하거나 강해질 필요가 있다고 생각한다. 그 뜻을 행하든지 그냥 듣기만 하든지 간에 상관없이 말이다.

그들은 올바른 관점을 선택하지 않았기에 이 모든 어려움이 온다는 사실을 이해하지 못한다. 그들은 하나님의 뜻이 그들의 자유의지와 모순된다고 보기 때문에 그 자유 의지로는 결코 하나님의 모든 뜻에 기쁘게 응답할 수 없다고 한다. 또한 스스로 거듭난 새사람으로서 새로운 뜻이 있음을 망각한다. 그들이 거듭난 것은 하나님으로부터 말미암은 것이기에 그 새로운 뜻이 하나님의 모든 뜻을 기뻐함에도 말이다.

그들의 새로운 뜻은 하나님의 뜻의 아름다움과 영광을 보며 그 뜻과 조화를 이루고 있다. 그들이 진정으로 하나님의 자녀라면 자녀의 영으로 갖는 첫 번째 충동은 분명 하늘에 계신 아버지의 뜻을 이루는 것이어야 한다. 그리고 그들이 할 일은 단지 자녀 됨을 전심으로 받아들이는 것뿐이다. 그러므로 하나님의 뜻을 자신의 것으로 받아들이는 데 조금도 두려워할 필요가 없다.

그들이 범하는 실수는 매우 심각하다. 믿음으로 사는 대신에 옛 본성이 말하고 다스리는 바대로 감정에 의해 판단한다. 그들은 이전의 본성은 하나님의 뜻을 감당하기에 너무 어려운 짐이고 그 뜻을 행할 힘을 절대 가질 수 없다고 말한다. 반면 믿음은 다르게 말한다. 믿음은 우리에게 하나님은 사랑이며 그분의 뜻은 그 사랑이 드러난 것일 뿐이라고 상기시킨다. 믿음은 우리에게 하늘이나 이 땅에서 하나님의 뜻보다 더 완전하거나 아름다운 것이 없다는 것을 알고 있는지 묻는다. 믿음은 우리의 회심 때 이미 어떻게 하나님을 아버지와 주로 받아들이기로 고백했는지를 보여준다.

무엇보다도 만약 우리가 분명하고 충실하게 자신을 사랑이신 하나님의 뜻에 내어놓는다면 믿음은 우리의 마음을 사랑으로 채우고 그 안에서 기뻐하게 할 것이다. 그럼으로써 우리가 주의 뜻을 행하며 기쁨으로 감당할 수 있다는 사실을 확신시켜 줄 것이다. 믿음은 하나님의 뜻이 전적으로 믿음에 의탁하는 모든 사람에게 하나님의 아름다움으로써 그 계획을 이루어내는 그분의 사랑의 능력임을 증명한다.

우리는 어느 것을 선택할 것인가? 우리는 어떤 태도를 보일 것인가? 하나님의 뜻을 이해하지 않은 채 그리스도를 구세주로 영접하려고 시도할 수 있을까? 하나님의 자녀라고 고백하면서도 여전히 우리가 과연 얼마나 아버지의 뜻을 수행할 수 있을지 논쟁하다가 인생을 허비할 것인가? 우리의 뜻이 하나님의 뜻과 조화되지 않음을 고통스럽게 의식하면서 하루하루 살아가는 데 만족할 것인가? 아니면 이미 우리의 마음속에 쓰여 있는 하나님의 뜻에 대해 죄가 되는 우리의 뜻을 한꺼번에, 그리고 영원히 포기하며 살 것인가? 포기는 얼마든지 가능하다. 그것은 이루어질 수 있다.

우리는 하나님과의 가장 단순하고 명확한 계약에서도 그분의 뜻이 우리의 것이 될 것이라고 말할 수 있다. 믿음은 하나님께서 단순한 순종도 그냥 지나치지 않고 받아들이실 것을 알고 있다. 하나님께서 우리를 그분의 뜻 가운데로 인도하시고 사랑과 권능으로 그 뜻이 우리 안에서 살아 숨 쉬도록 책임지실 것을 신뢰하자. 우리 함께 믿음으로, 하나님의 뜻으로 나아가 가장 거룩한 뜻을 가장 중심으로 삼는 새로운 삶을 시작하자.

하나님의 뜻을 받아들이는 것은 성령을 통해 믿는 자들이 그 뜻이 어떤 모습으로 나타나든지 깨닫고 알도록 준비시킨다. 육적인 그리스도인과 영적인 그리스도인 사이의 가장 큰 차이점은, 후자는 하나님께서 아무리 낮고 천한 인간의 모습으로 나타나셔도 그분을 알아본다는 것이다. 예수님은 하나님께서 시험으로 찾아오셨을 때 "아버지의 원대로 되기를 원하나이다"(마 26:42)라고 말씀하셨다.

이처럼 영적인 그리스도인은 인간의 연약함이나 어리석음을 통해 시험이 올 때, 자신의 신앙 성장에서 너무나 위협적인 유혹이 있을 때 모든 것에서 가장 먼저 하나님을 바라보고 "아버지의 원대로 되기를 원하나이다"라고 말하는 법을 배우게 된다. 그는 하나님의 자녀가 하늘 아버지의 뜻이 아니고는 어떤 상황 속에도 처할 수 없음을 안다. 비록 그 뜻이 한동안 자신의 의지대로 하도록 내버려두어 자신이나 다른 사람들의 죄 때문에 고통을 받더라도, 곧 이 사실을 깨닫고 자신의 상황을 하나님의 뜻으로 받아들임으로써 지금 옳은 것을 알고 행하는 올바른 자리에 있음을 알게 된다. 모든 일에 하나님의 뜻을 깨닫고 영화롭게 할 때 그는 항상 그 뜻 안에 거하는 것을 배우게 된다.

또한 그는 그 뜻을 행함으로써 하나님을 영화롭게 한다. 그의 영적 분별력이 향상해 무슨 일이 일어나든지 간에 "모든 것은 하나님의 뜻입니다"라고 말할 수 있을 때 앞으로 이루어질 하나님의 뜻을 아는 지혜와 영적인 이해력 역시 성장할 것이다.

그는 양심의 지시와 하나님의 섭리 가운데, 말씀과 성령의 가르침 가운데 하나님의 뜻이 어떻게 삶의 모든 영역과 모든 의무에 적용되는지를 배우게 된다. 그럼으로써 살아가는 모든 것에서 "무슨 일을 하든지 마음을 다하여 주께 하듯 하고 사람에게 하듯 하지 말라"(골 3:23), "애써 기도하여 하나님의 모든 뜻 가운데서 완전하고 확신 있게 서기를"(골 4:12 참조) 기쁨으로 구하게 된다. 그는 하나님께서 얼마나 감사하게도 자신의 포기를 받아들이셨는지를 발견하게 된다. 하나님의 뜻이 하늘에서처럼 이 땅에서도 이루어지도록 필요한 모든 빛과 힘을 공급하심을 알게 된다.

당신은 거룩하신 하나님께서 당신을 거룩하게 하시도록 진정으로 자신을 드렸는가? 하나님의 선하시고 온전하신 뜻을 받아들이고 그 안으로 들어갔는가? 그 속에서 살고 있는가? 이 질문은 고통이 다가왔을 때 저항할 수 없는 그 현실에 굴복하고 피할 수 없는 사실로 받아들이는가를 묻는 것이 아니다. 하나님의 뜻을 당신의 가장 선한 것으로 선택했는지, 그리스도의 삶의 원리를 당신의 것으로 선택했는지를 묻는 것이다.

"오, 하나님! 당신의 뜻을 행함이 기쁨입니다." 이것은 하나님의 뜻을 행하심으로 자기 자신과 우리를 거룩하게 하신 그리스도의 거룩함이다. "그 뜻 가운데 우리가 거룩하여졌다." 우리의 거룩함은 하나님의 뜻이다.

당신은 진실로 거룩해지기를 원하는가? 온전히 하나님의 소유가 되기를 원하는가? 여기에 길이 있다. 두려워하거나 망설이지 않기를 당신에게 간청한다. 당신은 하나님을 당신의 하나님으로 받아들였다. 진정 그분의 뜻도 당신의 뜻으로 받아들였는가? 하나님과 같은 뜻을 가짐으로 인해 받을 특권과 복을 생각해보라. 그 뜻에 주저 없이 굴복하는 것을 두려워하지 마라. 하나님의 뜻은 모든 영역에서, 그분의 모든 권능에서 당신의 거룩함이다.

그러므로 누구든지 이런 것에서 자기를 깨끗하게 하면 귀히 쓰는 그릇이 되어 거룩하고 주인의 쓰심에 합당하며 모든 선한 일에 준비함이 되리라. 디모데후서 2:21. 신령한 제사를 드릴 거룩한 제사장이 될지니라. …그러나 너희는 택하신 족속이요 왕 같은 제사장들이요 거룩한 나라요 그의 소유가 된 백성이니 이는 너희를 어두운 데서 불러내어 그의 기이한 빛에 들어가게 하신 이의 아름다운 덕을 선포하게 하려 하심이라. 베드로전서 2:5,9.

우리는 성경 전체를 통해 하나님께서 거룩하게 하시는 모든 것이 그분의 거룩함을 섬기는 데 사용되는 것을 보아왔다. 하나님의 거룩하심은 거룩하게 하는 일에서 그 안식처를 발견하는 무한한 에

너지이다. 하나님은 자신이 누구인지 계시하시면서 "나 여호와는 거룩함이니라"고 말씀하셨다. 그리고 그분의 행하심에 대해 "나는 너희를 거룩하게 하는 자"라고 끊임없이 덧붙이셨다.

거룩함은 그 자체에서 뻗어나가 거룩하지 않은 것을 불태우고 모든 자에게 그것이 가진 축복을 전하는 타오르는 불이다. 거룩함과 이기심, 거룩함과 게으름, 거룩함과 나태, 거룩함과 무력함 등은 궁극적으로 공존할 수 없다. 우리가 거룩함을 주제로 공부한 것은 무엇이든 하나님의 거룩하심을 섬기는 것으로 이어진다.

성경에서 거룩하게 나타난 것은 무엇인가? 제 칠 일은 하나님께서 그분의 백성을 거룩하게 만드시기 위해 거룩해졌다. 성막은 거룩하신 분의 처소로 하나님의 거룩하심이 그분의 백성에게 나타나는 중심 장소로서 거룩했다. 제단은 그 위에 놓인 제물들을 거룩하게 하기 위한 가장 거룩한 곳이었다. 제사장과 그들의 의복, 기구와 그릇이 있는 성전, 제물과 그 피 등 거룩함이라는 이름을 가진 모든 것에는 그 쓰임과 목적이 있었다.

하나님은 거룩하게 하시기 위해 애굽에서 구원해낸 이스라엘 민족에 대해 다음과 같이 말씀하셨다. "내 백성을 보내라. 그들이 나를 섬길 것이니라"(출 8:1). 거룩한 천사, 거룩한 선지자와 사도들, 거룩한 말씀 등 거룩함의 이름을 가진 모든 것은 하나님을 섬기기 위해 거룩해졌다. 주님은 스스로에 대해 "아들로서 아버지께서 거룩하게 하시고 세상 가운데로 보내신" 존재라고 하셨다. 또한 "내가 나를 거룩하게 하오니"라고 말씀하시면서 그 목적을 이렇게 밝히셨다. "이는 그들도 진리로 거룩함을 얻게 하려 함이니이다"(요 17:19). 이 것은 아버지와 그 구속하신 자녀를 섬기려는 뜻이었다.

그러면 하나님께서 지금 거룩하신 자 그리스도와 성령 안에서 그분의 목적, 즉 성도인 '거룩한 자' '그리스도 안에서 거룩함을 얻은 자들'을 모으는 일을 행하실 때 거룩함과 섬김을 배제할 수 있을까? 불가능하다! 당신은 먼저 거룩함과 섬김이 서로 얼마나 본질적인지 알게 될 것이다. 그러므로 우리는 그 상호관계를 잘 붙잡아야 한다. 우리는 섬기기 위해 거룩해졌다. 우리는 거룩할 때만이 섬길 수 있다.

거룩함은 실제적인 섬김에 반드시 필요하다. 구약에서 거룩한 장소들뿐만 아니라 거룩한 백성 사이에서 거룩함의 단계를 보게 된다. 그것은 단계적인 진보이다. 백성, 레위인, 제사장, 그리고 대제사장이다. 각각 연속된 단계에서 그 범위는 좁아지고 섬김은 더 엄밀하고 명확해진다. 따라서 요구되는 거룩함도 더 엄밀하고 명확하다. 이것은 오늘날에도 진실이다.

거룩함이 더해질수록 섬기는 일에도 더욱 적합해진다. 진정한 거룩함이 더할수록 더욱 하나님께 속한 것이다. 그의 영혼에 역사하심이 더 실제적이고 깊어진다. 하나님께서 나의 영혼을 더 온전히 소유하실수록 나의 섬김도 더 완전해진다.

그리스도의 교회에는 엄청난 양의 일이 존재하지만 그 열매는 매우 적다. 많은 사람이 진실한 거룩함과 성령 충만을 거의 소유하고 있지 않음에도 교회 일에 헌신하기 때문이다. 그들은 종종 가장 근면하게 일하고, 또한 인간적인 영향력이 관련되어 있는 한 가장 성공적이기도 하다. 그러나 여전히 주님 안에서 거룩한 성전을 세워 나가는 일의 진정한 영적 열매는 거의 없다. 주님이 그들의 속사람을 다스리시지 않으므로 그들 가운데서 일하실 수가 없다. 그들에게 하나님의 인격적인 내주하심과 교제, 그분이 거룩하게 임재하시는 처소, 마음과 삶을 지배하고 다스리는 그분의 거룩하심 등 이 모든 것은 거의 낯선 일이다.

사역은 영적인 빈곤과 질병의 치료제로 알려졌다. 섬김과는 별개로 거룩함을 추구했던 몇몇 성도들에게 사역에 대한 부르심은 형용할 수 없는 은혜였다. 그러나 많은 사람에게 그것은 단지 살아 계신 하나님과의 교제와 거룩한 마음이 심각하게 결핍되었음을 가리는 또 하나의 막일뿐이었다. 그들은 어느 때보다도 열심히 자신을 바쳐 일했지만 그들의 마음은 여전히 하나님께서 그 일을 받으셨다는 평온함과 새로운 힘을 갖지 못했음을 느끼고 있었다.

"그러므로 누구든지 이런 것에서 자기를 깨끗하게 하면 귀히 쓰는 그릇이 되어 거룩하고 주인의 쓰심에 합당하며 모든 선한 일에 준비함이 되리라." 당신은 이보다 더 명확하고 아름답게 섬김의 법을 규정할 수 없다. 왕이신 주님이 귀히 여기기를 기뻐하시는 귀히 쓰는 그릇은 육과 영의 온갖 더러움으로부터 깨끗해진 그릇이어야 한다. 그럴 때만이 거룩해진 그릇이 될 수 있고 하나님의 성령께서 소유하고 거하실 수 있게 된다. 그러면 하나님께서 그를 사용하실 수 있고 그 안에서 일하시며 그를 도구로 쓰실 수 있다. 따라서 깨끗하고 거룩해져 주인의 손에 들려졌을 때 비로소 우리는 모든 선한 일을 위해 영적으로 준비되게 되는 것이다.

만약 우리의 섬김이 하나님께서 받으실 만한 것이 되고 우리가 하는 일들이 사람들에게 영향력을 나타내며 스스로 기쁨과 힘이 되기 원한다면 우리는 거룩해져야만 한다. 하나님의 뜻이 우리에 의해 이루어지기 위해서는 먼저 그 뜻이 우리 안에서 역사해야 한다.

얼마나 많은 신실한 사역자들이 능력을 원하며 그것을 위해 울부짖고 기도하며 간구하지만 여전히 그것을 얻지 못하고 있는가? 그들은 자신의 힘을 사랑과 믿음의 내적인 삶에 쓰기보다는 일과 봉사의 외적인 부분에서 더 많이 사용해왔다. 그들은 주권자이신 분이 그들을 소유하실 때만, 성령께서 그 뜻대로 그들을 사용하실 수 있을 때만 진정한 능력을 갖출 수 있음을 진정으로 깨닫지 못했다. 그들은 '권능의 세례'라고 부르는 것을 자주 바라고 기도한다. 그럼에도 그들은 자신들 안에 하나님의 능력을 갖출 방법은 그분의 능력 안에 거하는 것임을 망각하고 있다.

그러므로 먼저 하나님의 권능으로 들어가라. 그분의 거룩한 뜻이 당신 안에 살게 하라. 그 뜻 안에 살면서 자신을 가눌 힘이 없는 것처럼 그 뜻에 순종하라. 성령께서 당신을 그분의 거룩한 성전으로 삼으시고 보좌에 앉아 모든 것을 다스리시는 거룩한 분을 드러내면서 당신 안에 거하시게 하라. 그분은 틀림없이 당신을 귀히 쓰실 거룩한 그릇으로 만들어 주인의 쓰심에 합당하게 사용하실 것이다. 거룩함은 효과적인 섬김을 위해서 필수적이다.

이와 마찬가지로 섬김은 진정한 거룩함에 필수적이다. 거룩함은 다른 사람들을 그 정결함과 완전함의 참여자로 만들기 위한 갈망과 자기희생의 강력한 에너지이다. 그리스도는 자신을 십자가에 희생하셨다. 그 희생이 무엇이며 그 목적이 무엇인가? 그분은 우리를 거룩하게 하시기 위해 자신을 거룩하게 하셨다. 이기적인 거룩함은 잘못된 것이다. 진정한 거룩함인 하나님의 거룩함은 우리 안에서 사랑으로 역사하며 거룩하지 않은 것을 찾아 사랑함으로써 그것들 또한 거룩하게 만드는 것이다.

희생적인 사랑은 거룩함의 본질이다. 이스라엘의 거룩한 자는 우리의 구원자이다. 하나님의 거룩한 자는 죽으셨던 구세주이다. 하나님의 성령은 거룩하게 하신다. 적극적인 사랑과 구원과 축복과 연관되지 않는다면 하나님 안에는 거룩함이 없다. 이 사실은 우리에게도 마찬가지여야 한다. 거룩함에 관한 모든 생각, 모든 믿음의 행위나 기도, 거룩함을 추구하는 모든 노력은 그 목적에 따른 갈망과 순종으로 활력을 얻는다. 그러므로 당신의 온 삶이 하나님의 쓰심과 섬김이 분명하고 확실하게 순종하는 삶이 되도록 해야 한다.

하지만 당신의 환경이 희망적이지 않게 보일 수 있다. 당신이 희망해왔던 길을 가는 중에 행하는 일들에 맞서 하나님께서 문을 닫아 두신 것처럼 보일 수도 있다. 그 때문에 이 길이 아니라는 생각에 고통스러울 수도 있다. 그렇다 할지라도 그 문제를 하나님과 당신의 영혼 가운데 두라. 그럼으로써 거룩함에 관한 당신의 갈망이 하나님의 쓰심에 더욱 합당해져서 그분이 그리스도와 성령 안에서 당신에게 허락하신 거룩함으로 그분의 뜻대로 만들어 쓰실 것이다.

그분의 쓰심을 위해 준비되고 날마다 겸손하게 자기를 부인하며 다른 사람들을 섬기는 사랑의 수고를 하면서 당신이 이미 받은 은혜를 나누라. 그때 당신은 예배와 일의 연합과 교차점에서 하나님의 거룩하심이 당신 위에 머무르는 것을 발견하게 될 것이다.

"아버지가 그 아들을 거룩하게 하사 세상으로 그를 보내셨다." 세상은 거룩하신 분이 빛이 되고 소금이 되고 생명이 되시는 장소이다. 우리 역시 "그리스도 안에서 거룩하게 되어" 세상 가운데 보냄을 받은 자들이다. 세상 속에서와 그리스도 안에서라는 우리의 두 가지 자리를 두려움 없이 받아들이자.

죄와 슬픔이 가득한 세상 속에서 매 순간 수천 가지 요구가 우리를 기다리고 있으며 수백만의 영혼이 모두 우리를 기다리고 있다. 그리스도 안에서도 마찬가지다. 우리는 세상을 위해 "그리스도 안에서 거룩하게 되었다." 우리는 "그리스도 안에서 거룩하다."

우리는 내주하시는 성령을 받았다. 죄악 된 세상에 거룩한 소금처럼 우리의 거룩한 부르심에 자신을 드리자. 우리를 부르시는 하나님께 점점 더 가까이 다가가자. 우리의 거룩함이신 그리스도에게 점점 더 깊이 뿌리내리자. 그분 안에서 우리는 하나님의 소유이다. 우리를 품으신 하나님 안에 믿음으로 더 견고하고 온전히 들어가면 전 생애가 그분 아래 보호받으며 받을만하신 질 것이다.

하나님 아버지는 매 순간 우리에게 성령께서 우리 안에 진정으로 거하시고 그 거룩하심으로 그리스도를 우리의 본향, 우리의 거처, 우리의 확실한 방패와 영원한 공급처로 만드신다는 사실을 가르쳐주신다. 우리를 부르신 이가 거룩하시듯이 그분의 독생자 안에서 그분의 성령을 통해 거룩해질 때 그분의 거룩한 사랑의 불이 심판하고 책망하시며 구원하고 거룩하게 하시는 일을 할 것이다. 하나님께서 구원하기 위해 거룩해진 영혼을 사용하실 것이다.

하나님은 우리의 유익을 위하여 (고난으로) 그의 거룩하심에 참여하게 하시느니라. …모든 사람과 더불어 화평함과 거룩함을 따르라. 이것이 없이는 아무도 주를 보지 못하리라. 히브리서 12:10,14.

아마도 성경 중 다른 어느 곳에도 히브리서에 나타난 것만큼 고통 위에 영적인 빛을 발하는 말씀은 없을 것이다. 그것은 히브리서 말씀이 하나님의 아들에게 고난이 의미했던 바를 우리에게 가르쳐주기 때문이다. 고난은 그분의 인간적인 면을 완성했다. 우리의 연약함을 동정하는 대제사장으로서의 일을 하시기에 적합하게 되기 위해서였다. 이로써 고난의 순종으로 하나님의 뜻을 성취하신 예수님이 진정으로 영광 중에서 하나님 뜻의 실행자요 하늘에 계신 전능

자의 우편에 앉으실 자임이 증명되었다.

"많은 아들들을 이끌어 영광에 들어가게 하시는 일에 그들의 구원의 창시자를 고난을 통하여 온전하게 하심이 합당하도다"(히 2:10). "그가 아들이시면서도 받으신 고난으로 순종함을 배워서 온전하게 되셨은즉 자기에게 순종하는 모든 자에게 영원한 구원의 근원이 되시고"(히 5:8-9). 그분 스스로 자신의 고난에 대해 "나는 나를 거룩하게 하노라"고 하셨기에 우리는 그분의 고난이 실로 그분께 온전함과 거룩함에 이르는 길이었음을 알게 된다.

그리스도와 그분이 이루신 일은 모두 우리를 위한 것이다. 온전함을 이루기 위해 그리스도께서 겪으셨던 고난으로 입증된 힘, 즉 그분이 고난을 통해 자기 자신을 거룩하게 하시려고 부여한 힘은 그분으로부터 우리에게 오는 새로운 생명의 힘이다. 우리도 그분의 본보기를 통해 그분의 능력을 믿음으로 하나님의 자녀에게는 고난이 아버지의 사랑의 증표이며 가장 풍부한 축복의 통로임을 알고 입증할 수 있다.

이와 같은 믿음이 있는 자에게 고난의 분명한 비밀은 다른 무엇도 아닌 하나님의 요구로 보일 수밖에 없다. 그것은 영광의 엄청난 무게에 작용하고 실제로 영향을 주는 가벼운 고통이다. 우리는 기록된 말씀인 "그들의 구원의 창시자를 고난을 통하여 온전하게 하심"에 동의할 뿐 아니라 우리 또한 고난으로 거룩해져야 한다는 사실이 얼마나 하나님의 뜻에 부합하며 올바른지 이해할 수 있다.

"하나님은 우리의 유익을 위하여 (고난으로) 그의 거룩하심에 참여하게 하시느니라." 성경에 애통해하는 자들을 위해 기록된 모든 귀한 말씀들 가운데 이 말씀만큼 우리를 고난이 가져오는 풍성한 축복으로 더 직접적이고 심도 있게 인도하는 구절은 없다. 우리가 참여하게 되는 것은 바로 하나님의 거룩하심이다. 히브리서는 하나님에게서 오는 우리의 거룩함을 명확하게 설명하고 있다. 거룩함이 예수 그리스도를 통해 우리를 위해, 우리 안에서 성취된다고 말씀한다. "거룩하게 하시는 이와 거룩하게 함을 입은 자들이 다 한 근원에서 난지라"(히 2:11). "그리스도가 한 번 몸을 드림으로 우리가 거룩하여졌다"(히 10:12 참조).

우리와 관련된 이 구절들은 우리가 점진적으로 하나님의 거룩하심을 개인적으로 받아들이고 자신에게 적용해야 함을 의미한다. 이 점진적인 일이란 무엇인가? 우리 안에는 하나님의 뜻과 상충하는 것이 많으므로 하나님의 뜻 안에서 기뻐하기 위해 우리의 뜻을 포기하기 전에 그것을 발견하고 깨뜨려야 한다. 고난을 개인적으로 경험하고 그것에 익숙해질 때 예수님이 우리를 위해 참아내고 행하신 것에 대해 완전히 이해할 수 있다.

이에 더해 우리의 충분한 분깃으로써 하나님의 사랑에 만족하는 개인적인 경험이 있어야 한다. 이것을 깨달으면 고난과 고통은 하나님께서 거룩하게 하시는 일에 필수불가결하다는 사실이 더욱 분명해진다. 이를 통해 우리는 아들에게 필요한 것이 어떻게 우리에게도 필요한 것이 되며 아들에게 헤아릴 수 없이 귀한 가치였던 것이 우리에게도 가장 부요한 축복이 되는지를 알게 될 것이다.

고난은 우리에게 하나님의 뜻을 수용하게 한다. 우리는 하나님의 뜻이 어떻게 우리의 거룩함인지를 살펴보았다. 그리스도께서 하나님의 뜻 안에서 우리를 어떻게 구원하셨는가? 더욱이 그분이 자기 뜻을 하나님께 온전히 굴복시킴으로써 스스로 거룩하게 하신 가운데 어떻게 우리를 거룩하게 하는 능력을 발견하셨는가? "당신의 뜻을 이루는 것을 기뻐합니다"라는 그분의 말씀은 "나의 뜻이 아니라"는 그분의 끊임없는 고백 때문에 그 가치가 있다.

하나님께서 고난과 고통을 가지고 오실 때 첫 번째 목표는 우리 안에서 그분의 은혜의 뜻과 연합을 요구하고 달성하는 것이다. 이것을 통해 우리는 그분과 그분의 사랑과 하나 될 수 있다. 하나님은 그분의 뜻이 우리가 애착을 느끼는 것이나 가장 소중히 여기는 희망과 어긋날 때 우리의 의지를 그분의 의지에 굴복시키기를 요구하신다.

이것이 자발적으로 기꺼이 이루어지면 하나님은 우리의 이같은 헌신이 어떻게 모든 삶에서 그분의 뜻이 우리의 유일한 희망이 되게 하는지 깨달음을 주신다. 고통이 단순히 일련의 사건(갈등하다가 결국 하나님의 뜻에 순복하는)이 아니라 우리를 하나님의 모든 선하고 온전하고 수용 가능한 뜻을 증명하고 찬성하게 하는 배움터로 이끄는 입구임을 아는 영혼들은 복이 있다.

때때로 하나님의 자녀에게조차 고통은 축복이 아니다. 고통은 인간의 악한 본성을 자극하고 하나님의 뜻에 반하는 마음의 모든 반발심을 불러일으킴으로써 한때 마음을 장악했던 평안함과 경건을 잃어버리게 한다. 그럴 때라도 고난은 하나님의 뜻을 수행하고 있다.

"너를 낮추시며 너를 시험하사 네 마음이 어떠한지 알려 하심이라"(신 8:2). 이 말씀은 우리를 광야로 이끄시는 하나님의 목적이다. 우리가 아직 인식하지 못한 것까지 확대해서 생각해보면 우리의 종교는 종종 이기적이고 피상적이다. 여전히 우리를 점령하고 있는 이기심과 이 세상을 사랑하는 모습을 드러내기 위해 고난의 가르침을 수용한다면 가장 시급하고 중요한 가르침을 배우게 될 것이다.

그 시험이 하나님에게서 직접 오지 않고 사람이나 환경을 통해 올 때 그 가르침은 특별히 더 어렵다. 우리는 다른 원인을 찾아 그 고통이 없어지기를 구하는 중에 분노나 슬픔을 느낌으로써 종종 하나님의 섭리가 허락한 모든 것에서 그분의 뜻을 바라보는 것을 완전히 잊어버린다. 우리가 그렇게 하는 한 고난은 무익하고 상황은 더 악화될 뿐이다.

우리가 거룩함으로 가는 길을 연구할 때, 만약 우리 안에서 하나님의 모든 뜻을 수용하고 동경하고 그 뜻 위에 온전히 서고자 하는 희망이 일깨워진다면, 먼저 우리에게 다가오는 모든 것에 그 뜻이 있음을 인정하자. 우리를 화나게 하는 사람의 죄는 하나님의 뜻이 아니다. 그러나 우리가 고통과 시험을 받는 동안에 마땅히 갖는 어려움은 하나님의 뜻이다.

우리의 바른 생각은 "어려움에 부닥친 이 처지는 나를 위한 나의 아버지의 뜻이다. 그분이 나를 훈련해 바르게 하시고자 하는 지금 이 현실이 하나님의 뜻임을 안다"는 것이어야 한다. 이처럼 받아들이는 것이 시험을 축복으로 바꾸는 방법이다. 이것이 하나님의 모든 뜻 가운데 서게 하고 더욱 지속해서 그분과 마음을 같이하도록 하여 줄 것이다.

고난은 우리를 하나님의 아들과의 유대감으로 이끈다. 그리스도 밖에서 하나님의 뜻은 우리가 이행할 수 없는 율법일 뿐이다. 그리스도 안에 있는 하나님의 뜻은 우리를 가득 채우는 생명이다. 예수님은 우리의 타락한 인간 본성으로 인해 오셨고 인간에게 부과된 율법의 요구와 죄가 인간에게 가져온 결과를 담당하시려고 하나님의 모든 뜻을 수용하셨다. 그분은 그 대가가 무엇이든지 하나님의 뜻에 온전히 자신을 드렸다. 그분은 고난을 통해 우리를 아버지의 사랑과 영광으로 인도하기 위해 길을 여셨다.

우리 역시 그리스도께서 주시는 힘으로 말미암아 십자가의 길을 면류관을 향한 가장 좋은 길이며 가장 복된 길로 받아들이고 사랑할 수 있다. 성경은 하나님의 뜻은 우리의 거룩함이며, 또한 그리스도께서 우리의 거룩함이라고 말씀한다. 오직 그리스도 안에 있을 때만 하나님의 뜻 안에서 사랑하고 기뻐할 권리를 갖는다. 그리스도 안에 있다면 그 권리를 소유한 것이다.

그분은 한 번에 우리의 거룩함이 되셨고 항상 그 뜻을 즐거이 행하신다. 그분은 우리의 개인적인 경험에서 하나님의 뜻을 행함을 기뻐하도록 가르치심으로써 우리의 거룩함이 되신다. 그분은 그렇게 행하도록 배우셨다. 고난 없이 온전해질 수 없다. 그리스도는 고난 가운데 우리를 가까이 이끄신다. 그분은 우리의 고난을 그분의 고난과 같게 만드셨고 그 가운데 고난을 통해 온전하게 된 자신이 우리의 거룩함이 되게 하셨다.

하나님께서 고난을 허락하심으로 고통 중에 있는 모든 사람이여, 예수님의 고난과 제 뜻을 버리신 것, 온전하게 되신 것, 자신을 거룩하게 하신 것을 보라. 그분의 고난은 그분의 거룩함과 그분의 영광과 그분의 생명의 비밀이다.

은혜로우신 주님과의 더 가까운 교제로 들어갈 수 있게 하는 모든 것으로 하나님께 감사하지 않겠는가? 오직 하나님의 뜻을 위해 살아가면서 그분과 하나가 되도록 그 사랑의 부르심으로 다가오는 모든 시험(크든 작든)을 받아들이지 않겠는가? 예수님이 하나님의 뜻대로 고난을 지셨듯이 우리도 그분과 하나가 되어 고난을 통해 온전해진 예수님 안에 거하는 것이 바로 거룩함이다.

고난은 하나님의 사랑의 기쁨에 이르게 한다. 많은 아버지는 자녀가 사랑의 벌을 받은 후에 이전보다 훨씬 더 부드럽게 자신에게 안기는 것을 처음으로 경험하고는 놀라곤 한다. 마찬가지로 그들의 아버지인 하나님과 멀리 떨어져 살아가는 사람들에게 이 세상의 비극은 그들의 믿음을 흔드는 채찍처럼 보인다. 하지만 실제로는 그분의 자녀가 고난을 통해 사랑의 실체를 알기 원하시는 하나님의 사랑의 채찍이다.

징벌은 분명히 아버지의 특권이다. 그 징벌은 사랑 안에서 필요하고 사랑 안에서 이루어졌음을 인정하게 한다. 또한 용서와 위안에 대한 갈망을 강력하게 일깨워 비록 그것이 이상하게 보일지라도 참으로 하나님 사랑의 더 깊은 체험으로 인도하는 가장 확실한 길이 된다. 고난은 축복의 수업이 진행되는 학교이다. 즉 우리에게 하나님의 모든 뜻은 사랑이며 거룩함은 찌꺼기를 태워 완전한 정결함으로 동화시킬 수 있는 사랑의 불임을 가르친다.

"하나님이 우리를 사랑하시는 사랑을 우리가 알고 믿었노니 하나님은 사랑이시라. 사랑 안에 거하는 자는 하나님 안에 거하고 하나님도 그의 안에 거하시느니라"(요일 4:16). 삶의 기본 목적은 하나님과 사랑의 교제를 나누고 사랑으로 서로 교통하는 것이다.

하나님의 사랑을 알 수 있는 것은 오직 믿음으로만 가능하다. 믿음은 시험 중에도 믿음으로 행하고 애쓸 때만 성장한다. 가시적인 것에서 실패했을 때 믿음의 에너지가 솟아나 불가시적인 것, 즉 하나님의 방법에 맡기게 한다. 고난 역시 믿음이 더 커지게 하고 하나님의 사랑에 더 깊이 들어가게 하려고 선택된 조력자이다. 이것이 새롭고 산 길이다. 우리를 지성소로 인도하는 것은 예수님과 교제 속에 찢어진 육체로 들어가는 길이다. 거기서 아들도 아끼지 않고 내어주신 정의와 그분을 지탱시키고 거룩하게 한 사랑이 어떻게 하나님의 거룩하심 속에 하나가 되는지 알 수 있다.

　매우 특별한 인도를 받고 육체의 찢어진 휘장을 통과하는 길을 지나 그 안으로 담대히 들어가는 성도들이여, 그 성소에 가까이 가라. 지성소로 다가가 거기에 거하라. 지성소를 당신의 처소로 만들라. 당신은 그곳에서 하나님의 거룩함에 참여하게 된다. 고난은 당신의 마음을 하나님의 뜻, 하나님의 아들, 하나님의 사랑과 연합하게 한다. 하나님의 뜻 안에 살라. 하나님의 아들 안에 거하라. 하나님의 사랑 안에 머물라. 휘장 안에, 지성소에 거하라.

이 모든 것이 이렇게 풀어지리니 너희가 어떠한 사람이 되어야 마땅
하냐. 거룩한 행실과 경건함으로. 베드로후서 3:11. 모든 사람과 더불
어 화평함과 거룩함을 따르라. 이것이 없이는 아무도 주를 보지 못하
리라. 히브리서 12:14. 거룩한 자는 그대로 거룩하게 하라. …주 예수
의 은혜가 모든 자들에게 있을지어다. 아멘. 요한계시록 22:11, 21.

　우리는 하나님을 만나러 가는 노정에 있다. 우리는 하나님을 직
접 만날 수 있도록 초대받았다. 장차 우리 앞에 스랍들도 그 얼굴을
가리고 있는 거룩함의 무한한 신비, 보이지 않는 하나님의 영광이
드러나 보이게 된다. 그것은 우리가 바라보고 연구할 수 있는 대상
이 아니다. 그러나 우리는 살아 계신 하나님 그 자체인 거룩한 삼위

일체를 보게 될 것이다. 거룩하신 자 하나님은 친히 그 모습을 우리에게 보이실 것이다. 오, 이 측량할 수 없는 은혜와 상상할 수 없는 복이여! 우리는 하나님을 보게 된다!

거룩한 삶에 대한 우리의 모든 연구는 단지 그 만남과 그 비전을 위한 준비과정일 뿐이다. 우리는 거룩하신 하나님을 보게 될 것이다. "마음이 청결한 자는 복이 있나니 그들이 하나님을 볼 것임이요"(마 5:8). "거룩함을 따르라. 이것이 없이는 아무도 주를 보지 못하리라"(히 12:14). 하나님께서 이스라엘 백성들에게 "내가 거룩한 것처럼 너희도 거룩하라"고 말씀하신 이후로 거룩함은 하나님과 그분의 백성들 사이의 유일한 만남의 장소로 나타났다.

거룩해지는 것은 이스라엘 백성들이 하나님 옆에 설 수 있는 일상적인 공간이 되었다. 거룩함은 그들이 하나님과 같아지고자 했던 유일한 속성이었다. 거룩해지는 것은 하나님께서 더는 그분의 백성들을 멀리하실 필요 없이 그분의 영광에 온전히 참여하게 하시고, 그들 안에 말씀을 성취시키는 영광스러운 시간을 위해 준비시키시는 유일한 것이다. "거룩한 자는 그대로 거룩하게 하라."

사도 베드로는 그의 두 번째 서신에서 주님이 오시는 그날에 하늘과 땅이 풀어지는 가장 거대한 재앙이 선행되고 수반된다는 것을 상기시킨다. 또한 심판의 때에 그들이 주 앞에서 점도 없고 흠도 없이 나타나도록 경건하게 지내기를 호소한다. 그는 주의 오실 날이 어떠할지, 또 그날을 기다리는 사람의 삶이 어떠해야 할지 진지하게 생각해보기를 요청한다. "너희가 어떠한 사람이 되어야 마땅하냐. 거룩한 행실과 경건함으로"(벧후 3:11).

거룩함은 모든 사람에게 하나의 보편적인 조건이 되어야 한다. 거룩함에 관한 하나님의 부르심과 하나님이 친히 그 거룩하심을 나타내신 바에 대한 고찰을 마무리하는 시점에서, 또한 아직 드러나지 않은 모든 것에 관해 우리는 스스로 베드로의 질문을 던져야 한다. "거룩한 행실과 경건함으로 너희가 어떠한 사람이 되어야 하는가?"

먼저 질문의 의미에 주목하라. 원어인 그리스어에서 행실과 경건함은 복수형이다. 알포드에 의하면 "거룩한 행위들과 경건한 행동들에서 복수형은 거룩한 행위와 경건이 그 모든 형태와 본보기로 나타남을 의미한다." 베드로는 전인적으로 거룩함의 삶을 살기를 간청했다. 이것은 사람들을 대하는 우리의 행동과 하나님에 대한 예배와 섬김 등에서 나타나는 거룩함이다. 이 기준에 도달하지 않으면 진정한 거룩함이란 없다. 거룩함은 우리 그리스도인의 삶에서 하나의 보편적인 속성이 되어야만 한다.

거룩함은 하나님의 핵심적인 속성으로 그분의 완전을 포괄적으로 표현한 것이며 속성 가운데 으뜸이 되는 속성이다. 또한 구원자와 아버지로서의 그분과 그분의 아들과 그분의 성령, 그분의 날, 그분의 처소, 그분의 법, 그분의 종들, 그분의 백성 등을 특징짓고 나타냄과 동시에 이 모든 것을 아우르는 용어이다.

항상, 그리고 모든 것에서 심판이나 자비나, 높임 받음이나 겸손이나, 그분의 감추어짐이나 드러남에서 하나님은 거룩하신 분이다. 말씀은 우리에게 하나님께 진실되고 그분을 기쁘시게 하는 거룩함의 통치가 최고의 것이 되어야 하며 모든 거룩한 행실과 경건함 속에 있어야 한다고 가르친다.

한 날의 짧은 순간이나 삶의 한 사건에서도, 겉으로 드러나는 행위나 마음속 가장 깊은 곳에서도, 예배나 사업에서도 우리에게 거룩하지 않은 어떤 것도 속해서는 안 된다. 성령의 기름 부으심으로 오는 거룩함, 예수 그리스도의 거룩함이 모든 것을 덮으며 두루 퍼져야 한다. 우리가 거룩해지려고 한다면 어떤 것도 제외될 수 없다. 베드로가 하나님의 부르심에 대해 말한 바와 같이 "모든 거룩한 행실에 거룩한" 자가 되어야 한다. 성령의 그 위대한 언어를 사용하려면 모든 것이 "성도들에게 합당한" "성도에게 마땅한 바"가 되어야 한다(롬 16:2, 엡 5:3 참조).

다음으로 질문의 영향력에 주목해보라. 베드로는 "그러므로 사랑하는 자들아 너희가 이것을 바라보나니"(벧후 3:14)라고 말한다. 우리는 계시의 과정을 통해 하나님께서 그분의 거룩함을 알도록 허락하시고 이에 참여하게 하신 놀라운 은혜와 인내가 모두 앞으로 다가올 일에 대한 준비로 이루어졌음을 살펴보았다. 우리는 거룩하신 자 하나님께서 그분이 거룩하시듯이 우리도 거룩하라고 부르시고 간청하시고 명령하시는 목소리를 들었다.

우리는 하나님께서 거룩하시듯 거룩해져서 그분과 함께 영원히 거하기 위해 하나님을 만나기를 기대한다. 이것은 몽상이 아니다. 이것은 생생한 실제이다. 우리는 이것을 삶을 살 만한 가치가 있게 만드는 유일한 것으로 기대하고 있다. 우리는 어린아이 같은 사랑의 확신을 하고 그분의 성도들과 함께 "거룩하신 아버지여!"라고 부르짖는 우리를 받아들이시는 하나님의 사랑을 고대한다.

우리는 하나님의 거룩하신 이, 우리의 거룩함이신 예수님을 알기 위해 배워왔다. 우리는 그리스도 예수 안에서 거룩한 자가 되어 매일 그 안에서 살고 있다. 우리는 쉼 없이 그분의 거룩함을 의지하고 있다. 우리는 하나님께서 이루셨으며 우리도 가능하게 하신 그분의 뜻 안에서 걷고 있다. 그리고 우리는 "그의 성도들에게서 영광을 받으시고 모든 믿는 자들에게서 놀랍게 여김을 얻으실 때에"(살후 1:10 참조) 커다란 기쁨으로 그분을 만나기를 고대한다.

그리스도 안에서 하나님의 거룩함이신 성령께서 우리와 함께 계셔서 우리의 유업의 증거로써 우리를 거처 삼으시려고 오셨다. 거룩함의 영이신 성령은 주님이 오시는 그날에 우리가 흠이 없도록 영과 혼과 육체를 비밀히 거룩하게 변화시키고 계신다. 우리를 빛 안에서 거룩한 자의 유업에 합당하게 하시는 것이다.

우리는 성령께서 그분의 사역을 완성하실 때 그리스도의 몸이 완전해지는 그때를 고대하고 있다. 그때 우리는 성령의 생명과 영광으로 넘쳐흐르는 신부가 되어 그리스도께서 그 아버지와 함께 보좌에 앉아 계시듯이 그분과 함께 하나님의 보좌에 앉게 될 것이다.

우리는 영원토록 비밀스러우신 성삼위일체를 흠모하고 경배하기를 소망한다. 이것은 우리의 마음을 넘치는 기쁨과 경이로움으로 전율시킨다. 거룩하게 하시는 하나님의 역사가 완성될 때 우리는 노래를 부르며 기뻐할 것이다. "거룩하다. 거룩하다. 거룩하다. 주 하나님, 곧 전능하신 이여. 전에도 계셨고 이제도 계시고 장차 오실 자여!"(계 4:8).

이 모든 것을 준비의 과정에서 놀라운 일들이 펼쳐질 것이다. 주 예수님이 친히 나타나실 것이다. 죄와 세상의 권세는 무너질 것이다. 가시적인 세계는 완전히 없어질 것이다. 성령의 능력이 모든 피조물 위에 개가를 올릴 것이다. 새 하늘과 새 땅이 거기 있게 되며 그 안에 의가 거하게 될 것이다. 그리고 성삼위일체와의 교제 가운데 영원히 넘쳐나는 축복과 영광 중에서 거룩함이 펼쳐지게 될 것이다.

"거룩한 자는 그대로 거룩하게 하라." 모든 믿는 자들이 그 중요성을 깨닫고 인정하도록 다음 질문을 던져보는 것이 반드시 필요하다. "그러므로 사랑하는 자들아, 너희가 이것을 바라보나니 너희가 어떠한 사람이 되어야 마땅하냐. 거룩한 행실과 경건함으로?"

"너희가 어떠한 사람이 되어야 마땅하냐. 거룩한 행실과 경건함으로?" 이 질문이 필요한가? 하나님의 거룩한 자들(거룩한 이를 그분의 영광과 사랑 가운데 만나러 가는 중인, 그들과 함께 거하시는 바로 그 거룩함의 영에 의해 예수 그리스도 안에서 거룩해진 성도들)에게 이 질문이 필요하겠는가? 아! 이것은 베드로가 살았던 시대에 필요했다. 그리고 이것은 우리가 사는 시대에도 여전히 너무나 필요한 것이다.

신약에서 아버지께서 그분의 자녀를 향해 다른 모든 이름보다 거룩한 자들이라고 부르시기를 좋아하셨음에도 '거룩한'이라는 단어를 낯설고 이해하기 어려운 것으로 여기는 그리스도인이 많다는 사실은 얼마나 슬픈가! 거룩한 삶이 실제로 가능하며 말할 수 없이 복됨을 한 번도 깨닫지 못함으로 거룩함이라는 말에 별로 흥미를 느끼지 못하는 그리스도인이 너무나 많다. 더욱 슬픈 사실은 주님을 섬긴다는 사역자들을 포함해 많은 사람에게 '모든 거룩한 행실과 경건'이 아직도 비밀스럽게 여겨지고 부담으로 다가온다는 것이다. 이는 그들이 아직 뜻이나 일에서 거룩하신 자가 그분의 성령으로 채우시는 것에 마음을 같이하지 않았기 때문이다.

거룩한 삶의 능력을 분명히 아는 사람들도 그들이 거룩한 삶으로 가는 통로가 얼마나 더 풍성해야 하며, 아직 너무 미약하다고 느끼는 타인들과의 연합의 축복이 얼마나 더 온전해야 하는지 깨달을 때 스스로 불신앙과 불충성을 비탄하는 소리를 다시 발하게 될 것이다. 베드로의 질문은 꼭 필요한 것이다. 우리 각자가 거룩함을 주시는 성령으로 이에 답해야 하지 않겠는가? 그때 우리는 이 질문을 우리 형제들에게도 전달해서 우리와 그들이 믿음 안에서 서로 돕고 하나님께서 갖고 있으실 질문의 대답을 위해 기쁨과 소망으로 살아야 한다.

이런 일들이 모두 해결될 것이라고 본다면 우리는 거룩한 행실과 경건함으로 어떠한 사람이 되어야 마땅한가? 시간은 부족하다. 세상은 빠르게 지나가버린다. 이방인들은 죽어가고 있고 그리스도인들은 잠자고 있다. 사탄은 왕성하고 힘이 있다. 하나님의 거룩한 성도들은 교회와 세상의 희망이다. 주께서 사용하실 수 있는 것은 그들이다.

우리는 모든 거룩한 행실과 경건함으로 어떤 사람이 되어야 마땅한가. 하나님께서 명령하시는 "내가 거룩하듯이 너희도 거룩하라"는 말처럼 되기를 구하지 않겠는가? 우리의 거룩함이신 주와 그분의 거룩한 성령께서 우리의 모든 행동과 예배, 그리고 순종 가운데 우리를 거룩하게 하시도록 새롭고 온전하게 자신을 드리지 않겠는가?

우리 주 예수의 사랑과 다가오는 영광을 소망하면서 도래할 종말과 교회, 그리고 세상의 필요를 위해 하나님께서 거룩하시듯 우리도 거룩해지도록 자신을 드림으로써 우리가 만나는 모든 믿는 자들에게 하나님께서 행하실 일들에 대한 메시지로 축복하는 권능을 갖지 않겠는가? 그럼으로써 우리는 그들과 함께 이 썩어가는 세상에서 빛이 되고 축복의 전달자가 될 수 있다.

하나님의 거룩한 책이 끝맺는 말로 나도 이 책을 끝맺으려고 한다. "이것들을 증언하신 이가 이르시되 내가 진실로 속히 오리라 하시거늘 아멘 주 예수여 오시옵소서. 주 예수의 은혜가 모든 자들에게 있을지어다. 아멘"(계 22:20-21).

앤드류 머레이

특별수록

은혜의 하나님을 만끽하는
기도의 능력

이 원고를 은혜의 하나님을 성도의 삶 속에서 만끽할 수 있도록 돕고자
앤드류 머레이의 〈기도만이 능력이다〉에서 발췌한 글이다.

기도는 더 큰일을 행하는 능력이다

내가 진실로 진실로 너희에게 이르노니 나를 믿는 자는 내가 하는 일을 그도 할 것이요 또한 그보다 큰일도 하리니 이는 내가 아버지께로 감이라. 너희가 내 이름으로 무엇을 구하든지 내가 행하리니 이는 아버지로 하여금 아들로 말미암아 영광을 받으시게 하려 함이라. 내 이름으로 무엇이든지 내게 구하면 내가 행하리라. 요한복음 14:12-14

제자들에게 산상설교를 전하면서 공생애를 시작하셨던 예수님은 요한복음에서 고별사를 통하여 공생애를 마무리하셨다. 두 경우 모두 기도에 관하여 여러 차례 말씀하셨다. 그러나 분명한 차이가 있다. 신상설교는 이제 막 그리스도의 학교에 들어온 제자들을 향하고 있다. 이 제자들은 아직도 하나님께서 아버지라는 사실을 거의 알아

채지 못한 상태였으며, 그래서 제자들의 기도는 주로 개인적인 필요를 언급하는 정도였다. 그러나 고별사에서는 이제 훈련 시간이 거의 마무리되고 있는 시점이라, 그리스도의 대사로서 그리스도의 자리와 임무를 감당할 채비를 끝낸 제자들에게 말씀하고 계신 것이다.

전자의 경우에 주요 교훈은 어린아이 같은 믿음으로 기도하면서 모든 좋은 것을 주시는 하나님 아버지를 신뢰하라는 것이다. 그러나 여기 고별사에서는 좀 더 고차원적인 것에 초점을 맞추셨다. 이제 제자들은 예수님의 친구이다. 예수님은 하나님 아버지께로부터 들은 모든 것을 알려주셨다. 제자들은 이제 예수님의 계획에 동참하여 이 땅에서 이루어지는 예수님의 일과 나라를 돌보도록 맡겨진 대사였다. 제자들은 이제 밖으로 나가서 예수님의 일을 감당해야 하며, 능력을 힘입어 그리스도보다 더 커다란 일을 해내야 한다. 이제 기도는 제자들이 그리스도의 일을 행할 때마다 능력을 받는 통로가 되어야 한다. 그리스도께서 하나님 아버지께로 가심으로써 제자들의 일과 기도에는 새로운 신기원이 펼쳐지게 되었다.

이처럼 기도와 일 사이의 연관성이 이번 장에서 본문으로 삼고 있는 요한복음 14장에서 뚜렷이 나타난다. 여기 이 세상에서는 그리스도의 몸에 붙어 있는 지체로서, 하늘에서 그리스도와 하나가 되어야 하는 존재들로서, 제자들은 이제 주님께서 행하셨던 것보다 더 큰일을 해내야 한다. 제자들의 성공과 승리는 주님께서 거둔 것보다 더 커다란 것이어야 한다. 주님은 이에 관하여 두 가지 이유를 언급하셨다. 그 하나는 주님께서 하나님 아버지께로 나아가 모든 능력을 받을 것이기 때문이고, 다른 하나는 제자들이 예수님의 이름으로 무엇이든지 구하여 받을 줄로 기대할 수 있기 때문이었다. "이는 내가 아버지께로 감이라. 너희가 내 이름으로 무엇을 구하든지 내가 행하리니."

그러므로 예수님이 하나님 아버지께로 가시는 것은 두 배의 축복을 가져올 것이다. 곧 제자들이 예수님의 이름으로 무엇이든지 구하면 받을 수 있을 뿐만 아니라 예수님보다 훨씬 더 큰일을 해낼 수 있을 것이기 때문이다. 이처럼 우리 구세주의 고별사에서 기도에 관한 첫 번째 언급은 우리에게 두 가지 중요한 교훈을 가르쳐주신다. 예수님의 일을 하기 원하는 사람은 먼저 예수님의 이름으로 기도해야 한다. 그리고 예수님의 이름으로 기도하기 원하는 사람은 누구나 예수님의 이름으로 일해야 한다는 것이다.

예수님의 일을 하기 원하는 사람은 기도해야 한다. 예수님의 일을 하기 위한 능력은 기도에서 얻는다. 아무리 믿음으로 예수님의 일을 하기 원하는 사람이라도 반드시 예수님의 이름으로 기도해야 한다. 예수님이 여기 이 세상에 계시는 동안에는 가장 위대한 일을 행하셨다. 제자들이 쫓아낼 수 없었던 귀신들을 말씀으로 쫓아내셨다. 예수님이 하나님 아버지께로 가신 후로는 더 이상 친히 그런 일을 할 수 없다. 이제 제자들이 그리스도의 몸이 되었다. 하늘 보좌에 앉아 계시는 동안 그리스도의 일은 모두 제자들을 통하여 여기 이 땅에서 이루어져야 하고 이루어질 수 있다.

이제 그리스도께서 현장을 떠나시고 대리자를 통해서 일할 수밖에 없기에 사람들은 주님의 일이 점점 더 위축되고 약해질지도 모른다고 생각했다. 그러나 그리스도께서는 우리에게 정반대의 광경이 펼쳐질 것이라고 확신시키셨다.

"내가 진실로 진실로 너희에게 이르노니 나를 믿는 자는 내가 하는 일을 그도 할 것이요. 또한 그보다 큰일도 하리니 이는 내가 아버지께로 감이라"(요 14:12).

예수님이 당하신 죽음은 죄악의 권세를 무너뜨리는 것이었다. 부활과 함께 영생의 권세가 인간의 육신을 휘어잡게 되었으며, 인간의 생명을 다스리는 권리를 획득하였다. 그리스도께서는 승천과 함께 제자들에게 성령님을 충만하게 부어줄 수 있는 권세를 얻으셨다. 보좌에 앉으신 그리스도와 이 세상에 그대로 머무는 제자들 사이의 하나 됨은 너무나 강하고 완전한 것이어서, 예수님은 "또한 그보다 큰일도 하리니 이는 내가 아버지께로 감이라"는 말씀을 문자적인 의미 그대로 선포하셨다.

이 말씀은 참으로 진리였다. 이 땅에서 몸소 수고하셨던 3년 동안 예수님은 겨우 5백 명이 넘는 제자들을 모았으나, 대부분 너무나 무기력하여 예수님의 목적에 별다른 소용이 없었다. 그러나 베드로와 바울 같은 사람들은 예수님이 감당하셨던 것보다 훨씬 더 큰일을 해냈다. 예수님이 이 땅에서는 여전히 할 수 없었던 일들을 하늘 보좌에서는 제자들을 통하여 충분히 해낼 수 있었다.

그러나 한 가지 조건이 있었다. "나를 믿는 자는 내가 하는 일을 그도 할 것이요, 또한 그보다 큰일도 하리니 이는 내가 아버지께로 감이라. 너희가 내 이름으로 무엇을 구하든지 내가 행하리니." 예수님은 하나님 아버지께로 가서 구함으로써 더 큰일을 위한 새로운 능력을 받아서 이 땅으로 보낼 수 있었다.

이러한 큰일을 하기 위해서는 두 가지가 필요했다. 아버지께로부터 모든 권능을 받기 위하여 예수님이 아버지께로 가는 것과 예수님께로부터 모든 권능을 받기 위하여 우리가 예수님의 이름으로 기도하는 것이다. 예수님이 아버지 하나님께 간구하여 더 큰일을 해내도록 새롭게 내려주시는 능력을 받아서 우리에게 나눠주신다. 예수님의 이름을 믿고 구할 때, 그 능력이 우리에게 임하여 우리를 사로잡게 되고, 결과적으로 우리가 더 큰일을 행할 수 있게 된다.

그러나 유감스럽게도 무수히 많은 하나님의 일이 시도되었지만, 더 큰일은 고사하고 그리스도께서 하신 일만큼이라도 해낼 만한 능력을 찾아볼 수 없으니 이 얼마나 슬픈 일인가! 그 이유는 오직 하나였다. 예수님을 믿는 믿음과 예수님의 이름으로 하는 믿음의 기도가 너무나 부족했기 때문이다. 교회에서, 학교에서, 국내 자선 단체나 해외 선교 단체에서 일하는 모든 사역자와 지도자들은 이 교훈을 배워야 한다. 예수님의 이름으로 드리는 기도야말로 예수님이 자기 백성들을 위하여 하나님 아버지께로부터 받은 강한 능력에 동참하는 길이다. 믿는 자들이 더 큰일을 행할 수 있는 길은 오직 이 능력 안에서뿐이다.

너무 연약하다거나 부적절하다거나 너무 어렵다거나 실패만 거듭한다면서 온갖 불평을 늘어놓는 자들에게 예수님은 이 한 가지 대답을 내놓으셨다. "나를 믿는 자는 내가 하는 일을 그도 할 것이요. 또한 그보다 큰일도 하리니 이는 내가 아버지께로 감이라. 너희가 내 이름으로 무엇을 구하든지 내가 행하리니." 예수님의 일을 하고 싶다면 먼저 전능하신 그분을 믿고 그분과 연합하라. 그런 다음에는 예수님의 이름으로 믿음의 기도를 드려라. 이런 기도가 없다면 우리의 일은 단지 인간적이고 육신적인 것에 지나지 않는다. 그것은 죄를 삼가거나 축복의 길을 예비하는 데에는 약간 도움이 될지도 모르지만, 진정한 능력은 얻지 못한다. 효과적으로 일을 감당하기 위해서는 먼저 효과적으로 기도해야 한다.

두 번째 교훈은 이것이다. 기도하기 원하는 사람은 반드시 주님의 일을 해야 한다는 것이다. 기도에 그토록 커다란 약속을 주신 것은 주님의 일을 할 수 있는 능력을 주시기 위함이다. 효과적인 믿음의 기도를 위한 능력은 바로 주님의 일을 함으로써 얻을 수 있다. 복되신 주님은 이러한 고별사를 통하여 여섯 번 이상(요 14:13-14, 15:7,16, 16:23-24)이나 "무엇이든지" "어떤 것이든" "너희가 원하는 대로"“구하라. 그러면 받으리라”는 약속의 말씀을 되풀이하셨다. 그 진정한 의미에 관하여 의문을 갖는 사람도 많았지만, 많은 성도는 이 말씀을 읽으면서 기쁨과 소망을 느꼈다. 동시에 이 말씀을 근거로 자신에게 필요한 것을 얻으려고 진지하고 간절하게 노력해 왔지만, 아주 실망스러운 상태에 이르게 되었다. 그 이유는 간단하다. 곧 그 이 약속을 앞뒤 맥락과 분리시켰기 때문이다.

주님은 그분의 일을 하는 것과 관련하여 하나님 아버지의 이름과 더불어 그분의 이름을 자유롭게 사용해도 좋다는 놀라운 약속을 주셨다. 예수님의 일과 나라를 위하여, 그분의 뜻과 영광을 위하여 살아가려고 자기 자신을 내어주는 제자는 그 약속을 올바로 실현할 만한 능력을 전수받게 될 것이다. 그러나 자신에게 어떤 특별한 일을 해주기 원할 때만 그 약속을 붙잡는 사람은 실망하게 될 것이다. 왜냐하면 예수님을 자신의 안락함을 위한 종으로 전락시켰기 때문이다. 그러나 주님의 일을 위하여 필요하기에 기도하는 사람은 누구나 능력을 받게 될 것이다. 왜냐하면 자신을 주님의 관심사에 내어주는 종으로 만들었기 때문이다. 기도는 주님의 일을 하는 사람을 가르치고 강하게 만든다.

이 말씀은 자연 세계와 영적 세계에서 모두 통용되고 완벽한 조화를 이룬다.

"내가 너희에게 말하노니 무릇 있는 자는 받겠고 없는 자는 그 있는 것도 빼앗기리라"(눅 19:26).

"지극히 작은 것에 충성된 자는 큰 것에도 충성되고 지극히 작은 것에 불의한 자는 큰 것에도 불의하니라"(눅 16:10).

이미 받은 조그만 은혜를 가지고서라도 주님의 일을 위하여 우리 자신을 내어드리도록 하라. 우리에게는 그것이 곧 진정한 기도학교가 될 것이다. 반역하는 백성들을 전적으로 책임져야 했을 때, 모세는 하나님께 담대하게 말씀드리고 하나님으로부터 위대한 일을 요청할 필요성과 용기를 느꼈다(출 33:12,15,18). 당신이 하나님의 일을 위하여 하나님께 자신을 온전히 내어드릴 때, 당신에게 진정으로 필요한 것은 바로 이 위대한 약속이며, 커다란 확신을 갖고 그 약속을 기대해도 좋다.

예수님을 믿는 자여! 예수님의 일을 하라. 그대는 예수님보다 더 큰일을 하라는 부르심과 임명을 받았다. 예수님은 당신 안에서, 또 당신을 통하여 그 일을 할 수 있는 능력을 받기 위하여 하나님 아버지께로 가셨기 때문이다. "너희가 내 이름으로 무엇을 구하든지 내가 행하리니"라는 약속을 명심하라.

당신 자신을 내어드려라. 그리고 그리스도의 일을 위하여 살아라. 그러면 기도에 놀라운 응답을 받는 법을 배우게 될 것이다. 당신 자신을 내어드려라. 그리고 기도하면서 살아라. 그러면 당신은 그리

스도께서 하신 일뿐만 아니라 그보다 더 큰일을 행하는 법을 배우게
될 것이다. 그리스도를 믿는 믿음으로 충만하여 담대하게 기도하면
서 더 큰일을 구하는 제자들을 통해 그리스도께서는 온 세상을 정복
하실 수 있다.

이는 내가 아버지께로 감이라. 너희가 내 이름으로 무엇을 구하든지 내가 행하리니, 이는 아버지로 하여금 아들로 말미암아 영광을 받으시게 하려 함이라. 내 이름으로 무엇이든지 내게 구하면 내가 행하리라. 요한복음 14:12-14

"이는 아버지로 하여금 아들로 말미암아 영광을 받으시게 하려 함이라." 영광 가운데 보좌에 앉아 계신 예수님이 그분의 이름으로 우리가 무엇을 구하든지 그대로 행하시겠다는 이유는 바로 이 때문이다. 예수님이 허락하시는 모든 기도 응답은 이것을 목적으로 삼고 있다. 이 목적이 성취될 수 있다는 전망이 없을 때, 예수님은 응답하지 않으실 것이다. 이 목적은 예수께서도 그러셨던 것처럼 우리 간구에서도 본질적인 요소가 되어야 한다. 하나님 아버지의 영광이 우리 기도의 목표와 목적이요, 근본적인 정신이자 생명력이어야 한다.

이 땅에 계실 때 예수님의 목적은 "나는 스스로 영광을 구하지 않는다. 오히려 나를 보내신 분의 영광을 구한다"는 것이었다. 이 말씀을 통하여 우리는 예수님의 삶에서 기본 원칙을 발견하게 된다. 대제사장으로서 예수님의 첫 번째 기도는 이렇게 시작된다.

"아버지여, 때가 이르렀사오니 아들을 영화롭게 하사 아들로 아버지를 영화롭게 하게 하옵소서. …아버지께서 내게 하라고 주신 일을 내가 이루어 아버지를 이 세상에서 영화롭게 하였사오니 아버지여, 창세 전에 내가 아버지와 함께 가졌던 영화로써 지금도 아버지와 함께 나를 영화롭게 하옵소서"(요 17:1, 4-5).

예수님이 하나님 아버지께 있는 영광으로 들어가게 해달라고 요청하시는 이유는 두 가지이다. 하나는 예수님이 이 땅 위에서 하나님을 영화롭게 했기 때문이며, 다른 하나는 하늘에서도 여전히 하나님을 영화롭게 하시기 때문이다. 예수님이 구하시는 것은 오직 하나님 아버지를 더욱 영화롭게 하는 것이다.

바로 이 점에서 우리가 예수님과 일치를 이루어 우리 기도의 주목적을 하나님 아버지께 영광 돌리는 것으로 삼아 그분을 기쁘게 할 때, 우리 기도가 반드시 응답받을 수 있을 것이다. 사랑하는 성자 예수님은 우리가 구하는 것을 이루어주시는 것보다 더 하나님 아버지를 영화롭게 만드는 것은 없다고 말씀하셨다. 그러므로 예수님은 이같은 목적을 확실히 보장하기 위하여 우리의 요구를 들어주실 기회를 절대 놓치시지 않을 것이다. 그분의 목표를 우리의 목표로 삼도록 하라! 하나님 아버지의 영광을 우리가 구하는 것과 예수님이 이루어주시는 것 사이의 연결고리가 되도록 하라! 그런 기도야말로 틀림없이 하나님을 설복시키고 말 것이다.

예수님의 말씀은 실제로 좌우에 날선 어떤 검보다 예리하여 혼과 영을 찔러 쪼개기까지 하며, 마음의 생각과 뜻을 재빨리 간파한다(히 4:12 참고). 예수님이 이 땅에 계실 때의 기도, 하늘에 계시면서 드리는 중보기도, 또 우리 기도에 응답하시겠다는 약속에서 그분은 하나님 아버지의 영광을 가장 우선적인 목적으로 삼으셨다. 우리도 역시 그렇게 하고 있는가? 또 우리에게 기도하도록 가장 강력하게 촉구하는 동기가 대부분 자기 유익과 자기 뜻은 아닌가? 우리 기도에 생명을 불어넣는 것은 하나님 아버지의 영광을 명확하게 의도적으로 갈망해야 한다. 그와 같은 사실을 제대로 인정하거나 깨닫지 못하고 있지 않은가?

때때로 성도는 아버지의 영광을 갈망한다. 그러나 슬프게도 충분히 갈망하지는 않는다. 성도는 그 이유를 매우 잘 알고 있다. 그것은 바로 일상생활을 영위하는 자세와 기도하는 시간에 보여주는 자세 사이의 괴리감이 너무나 크게 벌어져 있기 때문이다. 하나님 아버지의 영광에 대한 갈망은 우리가 기도하려고 할 때 억지로 그 마음을 불러일으켜서 주님께 드릴 수 있는 것이 아니다. 결코 그런 것이 아니다!

어느 한 부분 할 것 없이 삶의 모든 영역에서 하나님의 영광을 위하여 바칠 수 있을 때, 그리스도의 영광을 위해서도 역시 기도할 수 있다. "그런즉 너희가 먹든지 마시든지 무엇을 하든지 다 하나님의 영광을 위하여 하라"(고전 10:31). 그리고 "너희가 먹든지 마시든지 무엇을 하든지 다 하나님의 영광을 위하여 구하라." 이 한 쌍의 명령은 서로 떨어질 수 없는 것이다. 앞의 명령에 순종하면 뒤의 명령에 순종할 수 있다. 앞의 명령에 대한 순종은 뒤의 명령에 대한 은혜를 받을 수 있는 비결이다. 예수님이 기도에 응답하시는 전제는 하나님의 영광을 위해 사는 것이다. "하나님 아버지로 하여금 영광을 받으시게 하려 함이라."

하나님을 설복시키는 기도를 드려야 한다는 것은 지극히 당연하고 자연스러운 일이다. 오직 주님만이 영광을 취하실 수 있는 분이다. 주님의 영광, 그리고 주님께서 피조물에게 허락하신 영광밖에는 다른 어떤 영광도 있을 수 없다. 피조 세계는 주님의 영광을 드러내기 위하여 존재할 뿐이다. 주님의 영광을 위하여 존재하지 않는 모든 것은 죄이자 어둠이요 죽음이다. 피조물은 오직 하나님께 영광을 돌리는 데서만 영광을 찾을 수 있다. 인자가 아버지 하나님께 영광을 돌리기 위하여 했던 것, 곧 자기 자신을 전적으로 내어드린 것은 모든 구속받은 존재의 당연한 의무에 지나지 않는다. 그러므로 이 의무를 행하는 사람에게는 그리스도의 보상도 돌아가게 될 것이다.

그리스도께서는 하나님 아버지께 영광을 돌리는 일에 전적으로 자기 자신을 드렸기 때문에 하나님 아버지께서는 영광과 존귀로 그리스도께 면류관을 씌워주셨다. 또 그리스도께서 바라는 것을 요구할 권세와 나라를 손에 쥐어주셔서 중재자로서 우리 기도에 응답하게 하셨다. 이를 통하여 우리는 그리스도와 하나가 되고, 우리 기도가 하나님의 영광을 위하여 완전히 순복하는 삶으로 변하게 된다. 구세주께서는 이 약속의 성취를 통하여 우리 안에서 하나님 아버지께 영광을 돌릴 수 있게 된다. "내 이름으로 무엇이든지 내게 구하면 내가 행하리라."

하나님의 영광만을 유일한 목표로 삼는 삶은 결코 우리의 노력만으로는 도달할 수 없다. 그런 삶은 오직 예수 그리스도에게서만 발견할 수 있다. 그리스도 안에서 그런 삶이 우리를 위하여 드러나게 된다. 그렇다. 하나님을 송축하도록 하라! 주님의 삶이 우리 삶이다. 그리스도께서는 우리를 위하여 그분 자신을 내어주셨다. 그래서 이제 그분 자신이 곧 우리의 생명이자 삶이다. 우리에게 필요한 것은 하나님의 자리를 대신 차지해버린 우리 자아를 발견하고 고백하고 부인하는 것이다. 우리 자신을 추구하고 자기를 신뢰하는 삶을 발견하고 고백하고 부인하는 것이다. 이것은 우리 자신의 힘으로는 이룰 수 없다.

이 땅 위에서 하나님 아버지를 영화롭게 하고 그분과 함께 영광을 받으려면 우리 주 예수 그리스도의 내주하심, 곧 우리 마음속에 그리스도의 임재와 통치가 있어야 한다. 그래야 그리스도께서 우리 안에서 하나님을 영화롭게 할 수 있다. 또한 그리스도께서 모든 자기 영광을 몰아내는 대신 우리에게 하나님께 영광을 돌리는 삶과 성령을 주실 수 있는 것은 그리스도 자신이 우리 안에 들어오심을 통해서이다. 우리 기도를 들으시면서 하나님 아버지께 영광을 돌리기를 간절히 원하시는 분, 하나님의 영광을 위하여 살고 그 영광을 위하여 기도하도록 우리를 가르치시는 분은 바로 그리스도이시다.

이런 일이 우리 안에서 일어나도록 우리의 나태한 마음을 주님께 굴복시키는 동기와 힘은 무엇인가? 확신하건대 우리에게 필요한 것은 하나님 아버지께서 영광을 받으시기에 지극히 합당하신 분임을 깨닫는 것이다. 하나님 아버지를 송축하고, 오직 하나님께만 나라와 권세와 영광을 돌리며, 항상 복되시고 항상 사랑하시는 분의 빛 안에서 살아가도록 우리 자신을 내어드리는 법을 배워야 한다. 그러면 우리는 "오직 하나님 한 분에게만 영광을 돌릴지어다"라고 고백할 정도로 감동받게 될 것이다.

우리는 오직 하나님의 영광만을 추구하는 삶을 살아가기 위한 새롭고 강한 열망으로 우리 주 예수님을 바라보게 된다. 넉넉히 응답을 받을 만큼 충분한 기도가 없을 때는 하나님 아버지께서 영광을 받지 못하신다. 우리 의무는 하나님의 영광을 위하여 살아가면서 우리의 기도가 응답받을 수 있도록 기도하는 것이다. 하나님의 영광을 위하여 제대로 기도하는 법을 배우도록 하라.

하나님의 영광을 위하여 부르짖고 싶다는 열망보다 우리 자신의 기쁨이나 쾌락을 추구하려는 욕망이 더 강한 기도를 드리다니, 이 얼마나 비천한 생각이란 말인가? 그러니 응답받지 못하는 기도가 그토록 많은 것도 전혀 이상한 일이 아니다. 그런데 여기에 비밀이 숨어 있다. 하나님께 영광을 돌리는 것이 우리 기도의 궁극적인 목적이 아닐 때는 하나님께서 영광을 받으시지 않는다는 사실이다. 믿음의 기도를 올려드리기 원하는 사람은 문자 그대로 자신의 모든 일을 통해 하나님 아버지께서 영광을 받으실 수 있도록 살아가야 한다. 이것이야말로 그 사람의 목적이 되어야 한다. 그렇지 않고서는 믿음의 기도가 있을 수 없기 때문이다.

예수님은 이렇게 말씀하셨다. "너희가 서로 영광을 취하고 유일하신 하나님께로부터 오는 영광은 구하지 아니하니 어찌 나를 믿을 수 있느냐?" 자기 영광을 구하면 믿음은 불가능하다. 자기 영광을 포기하고 오직 하나님 한 분만의 영광을 구하는 깊고 강한 자기희생만이 우리 영혼 안에서 하나님에 대한 영적인 감수성, 신성한 믿음을 일깨워준다. 하나님께 순복하는 삶과 하나님께서 우리 기도를 들으시는 중에 그분의 영광을 보여주시기를 기대하는 것은 둘 다 꼭 필요하다. 오직 하나님의 영광을 구하는 자만이 기도 응답을 통하여 그 영광을 보게 될 것이다.

그렇다면 도대체 어떻게 우리가 그 영광에 이를 수 있을까? 이것이 바로 우리가 던져야 할 질문이다. 이런 고백으로 시작하자. 사실 우리 기도는 하나님의 영광을 바라는 열정으로 가득 채워져 있지 않았다. 우리는 오직 하나님 아버지와 그분의 영광만을 위하여 성자 예수님을 닮은 모습으로 그리스도와 하나되는 삶을 살지 못했다. 우리는 이 일에 너무나 부족했다. 성령님이 우리에게 이 사실을 보여 주실 수 있도록 시간을 내라. 이처럼 진정으로 죄를 자각하고 고백하는 것이야말로 구원에 이르는 가장 확실한 길이다.

그다음에는 예수님을 바라보라. 예수님은 죽음으로써 하나님을 영화롭게 하셨다. 우리가 하나님을 영화롭게 할 수 있는 것은 죽음을 통해서, 곧 자아에 대해서는 죽고 하나님을 향해서는 살아나는 삶이다. 자아에 대해서는 죽고 하나님의 영광을 위해 살아가는 삶이야말로 예수님이 허락하시는 삶이며, 예수님이 자기를 믿는 각 사람 안에서 사시는 삶이다. 그리스도처럼 오직 하나님 아버지의 영광을 위하여 살아가겠다는 소망과 결단 외에는 아무것도 우리 안에 자리 잡고 있지 않도록 하라. 우리 안에서 일하시는 그리스도의 생명과 능력 외에는 아무것도 우리 안에 자리 잡지 않도록 하라. 우리가 하나님의 영광을 위하여 살아갈 수 있다는 즐거운 확신 외에는 아무것도 우리 안에 자리 잡지 않도록 하라. 그리스도께서 우리 안에 살아 계시기 때문이다. 이것들이 우리 일상생활을 사로잡는 정신이 되도록 하라.

예수님은 우리가 이런 식으로 살아가도록 도와주신다. 만약 우리가 성령님을 신뢰하기만 한다면, 그리고 성령님이 그렇게 하시도록 한다면, 예수님은 성령님을 우리에게 주실 것이며 성령님은 이런 삶을 체험하게 하려고 기다리실 것이다. 불신앙으로 이런 삶을 방해하지 않도록 하라. 오히려 확신 있게 그런 삶을 우리 삶의 표어로 삼아라. "모든 것을 하나님의 영광을 위하여!" 하나님 아버지께서 그 뜻을 받으실 것이며 그 희생은 매우 즐거운 일이 될 것이다. 성령님은 우리가 하나님의 영광을 위하여 살아가고 있다는 것을 아시고 우리를 인정해주실 것이다.

그리스도의 은혜로 말미암아 우리가 구하는 것을 그대로 행하겠다고 약속하시는 분과 완벽한 조화를 이룰 때, 우리 기도에는 참으로 고요한 평화와 능력이 임하게 될 것이다. 그리스도께서는 이렇게 말씀하셨다. "이는 아버지로 하여금 아들로 말미암아 영광을 받으시게 하려 함이라." 우리 전 존재를 말씀과 성령의 감화에 의도적으로 내어맡길 때 우리 소망은 이제 더 이상 우리 것이 아니라 오직 그리스도의 소망이 될 것이며 그 목적은 하나님의 영광이 될 것이다.

그러면 우리는 점점 더 자유로워져서 이렇게 기도할 수 있을 것이다. "하나님 아버지시여! 당신은 오직 당신의 영광을 위하여 우리가 그렇게 구하고 있다는 사실을 잘 알고 계십니다." 그러면 기도 응답은 우리가 오를 수 없는 산처럼 보이는 것이 아니라 우리 기도를 듣고 계신다는 더욱 커다란 확신을 우리에게 가져다줄 것이다. 또한 기도의 특권은 갑절로 소중해질 것이다. 왜냐하면 기도의 특권은 하나님 아버지를 영화롭게 하시는 복되신 아들과 완전한 화합으로 우리를 인도하기 때문이다. 그 완전한 화합은 그리스도의 다음과 같은 말씀에서 이루어진다. "내 이름으로 무엇이든지 내게 구하면 내가 행하리라. 이는 아버지로 하여금 아들로 말미암아 영광을 받으시게 하려 함이라."

너희가 내 안에 거하고 내 말이 너희 안에 거하면 무엇이든지 원하는 대로 구하라. 그리하면 이루리라. 요한복음 15:7

하나님과 우리의 소통 과정에서 약속과 조건은 서로 떨어질 수 없다. 만약 우리가 그 조건을 충족시킨다면 하나님은 그 약속을 성취하실 것이다. 하나님께서 우리를 다루시는 방식은 우리가 하나님을 어떻게 대하느냐에 따라 달라진다. "하나님을 가까이하라. 그리하면 너희를 가까이하시리라"(약 4:8).

그러므로 기도에서도 "무엇이든지 원하는 대로 구하라"는 아무런 제한 없는 약속에는 "너희가 내 안에 거하면"이라는 당연하고 자연스러운 조건이 있다. 하나님 아버지께서는 항상 그리스도의 이야기를 들으시고 그리스도 안에 머물러 계신다. 하나님께 가까이 나아가기 위해서는 우리도 역시 그리스도 안에 머물러 있어야 한다. 하나님 아버지께서 그리스도 안에 머물러 계실 때가 우리의 기도를 들으실 수 있는 유일한 길이다. 하나님께서 온전히 그리스도 안에 머물러 계시기에 우리가 "무엇이든지 원하는 대로 구하는" 권리와 응답을 받는 약속을 누리게 된다.

이 약속과 대다수 성도의 경험 사이에는 엄청난 불일치가 있다. 끊임없이 기도를 올려드리기는 하지만 응답을 받지 못하는 경우가 얼마나 많은가? 그 원인은 우리가 필요한 조건을 제대로 충족시키지 못하거나 하나님께서 약속을 제대로 이행하시지 않는 것이다. 성도들은 그 어느 쪽도 기꺼이 인정하려 들지 않는다. 그래서 이 딜레마를 해결할 방법을 마련하였다. 성도들은 이 약속에 제한을 가하는 말, 즉 우리 구세주께서 거기에 집어넣지 않았던 그럴듯한 원인을 끼워 넣는다. "만약 그것이 하나님의 뜻이라면"이라는 말을 덧붙인다. 그래서 하나님의 신실함은 물론이고 자신의 신실함에도 아무런 문제가 없다고 주장한다.

만약 성도들이 약속을 받아들이고 그 약속을 있는 그대로 붙잡을 수만 있다면, 그리스도를 신뢰하는 믿음으로 약속을 충실하게 이행하시는 하나님의 진실성을 충분히 입증하지 않았겠는가? 그랬다면 성령님은 성도들을 인도하여 그 약속이 얼마나 적절한지를 밝히 보여주셨을 것이다. 그리스도께서 말씀하신 대로 그리스도 안에 머물지 않는 것이야말로 충분히 응답받지 못하는 이유를 설명해주는 근거이다. 그런데 이때 성령님은 우리 기도의 연약함을 활용하여 오히려 이 약속의 비밀을 깨닫고 그리스도 안에 온전히 거하는 축복을 누리는 계기로 만들어주실 것이다.

그리스도인은 우리 주 예수 그리스도에 대한 은혜와 지식 안에서 자라감에 따라, 하나님의 말씀 역시 더 새롭고 심오한 의미로 다가오는 것을 발견하고선 깜짝 놀랄 때가 많다. 그런 그리스도인은 어느 특정한 하나님의 말씀이 자신에게 열리고, 그 말씀 안에서 발견한 축복으로 말미암아 기뻐하던 날을 떠올릴 수 있을 것이다. 훨씬 더 심오한 경험을 통하여 그 말씀에 새로운 의미를 부여하게 되었으며, 마치 이전에는 그 말씀에 담긴 함축적인 의미를 전혀 이해하지 못했던 것처럼 느껴지기도 한다.

그런데 다시 한번 그리스도인의 삶을 통해 점점 더 자라갈 때 똑같은 말씀이 또다시 그 사람 앞에서 커다란 신비로 다가오게 된다. 이런 경험은 성령님이 그 사람을 더욱 깊은 차원으로 인도하여 그 말씀의 충만한 의미를 깨달을 때까지 계속된다.

이처럼 지속해서 자라가는 가운데 점점 더 심오한 의미로 다가오는 말씀이 바로 "내 안에 거하라"는 주님의 소중한 말씀이다. 이 말씀은 우리에게 신성한 생명의 충만한 분량에 이르기까지 차근차근 단계적으로 우리를 열어간다. 가지가 포도나무에 계속 붙어 있어야 자랄 수 있듯이 우리도 그리스도 안에 머물러 있어야 거룩한 삶이 우리를 점점 더 충만하고 완벽하게 사로잡을 수 있는 삶의 과정으로 나아가게 될 것이다. 어리고 약한 성도는 그리스도의 빛 가운데로 나아가 장성한 분량에 이르기까지 그리스도 안에 머물러 있을 수 있지만, 주님께서 그 말씀에서 의도하신 뜻대로 충만히 거하는 데까지 도달하는 것은 그 성도의 몫이며 그 말씀과 관련된 모든 약속을 유업으로 물려받는 것도 바로 그 성도의 몫이다.

그리스도 안에 머무는 삶으로 자라가는 첫 번째 단계는 바로 믿음의 단계이다. 성도는 온갖 연약함에도 불구하고 "내 안에 거하라"는 명령이 정말로 자신을 향한 것임을 올바로 이해할 때, 자신이 그리스도 안에 있음을 충분히 이해할 때, 아무리 신실하지 못하고 실패를 거듭하는 상황이라도 그리스도 안에 머무는 것이 가장 당면한 의무이며, 얼마든지 도달할 수 있는 축복임을 믿게 된다. 이 단계의 성도는 구세주의 사랑, 능력, 그리고 신실함에 특별히 사로잡히게 된다. 그 성도는 이제 자신에게 가장 기본적으로 필요한 것이 그런 믿음이라고 느끼게 된다.

머지않아 이 성도는 그 이상의 것이 필요하다고 생각하게 된다. 순종과 믿음이 함께 가야 한다. 단순히 믿음에 순종을 더할 수 있는 것이 아니라 믿음이 순종 안에서 증명되거나 드러나야 한다. 믿음은 순종의 원천이며 주님을 바라보는 것이지만 순종은 구체적으로 주님의 뜻을 행하기 위한 믿음의 발현이다. 성도는 이처럼 "내 안에 거하라"는 명령에 따른 의무와 열매에 마음을 빼앗기기보다는 그 명령의 특권과 축복에 더 마음을 빼앗길 때가 많다. 자신도 모르게 자아와 자기 의지가 우리 안에서 상당히 많은 영향력을 발휘한다. 그러면 어리고 연약한 제자가 믿음을 즐길 수 있는 평화가 자신에게서 떠나간다.

주님 안에 머무는 삶이 확실히 유지되는 것은 실제로 순종을 통해서다.

"내가 아버지의 계명을 지켜 그의 사랑 안에 거하는 것 같이 너희도 내 계명을 지키면 내 사랑 안에 거하리라"(요 15:10).

머리로 믿은 진리는 그리스도와 그분의 약속을 진심으로 의지하기에는 역부족이다. 이 단계에서 주로 노력해야 할 것은 자기 뜻을 주님의 뜻에 완전히 일치시킬 뿐만 아니라 마음과 생명을 완전히 그리스도의 지배 아래 두는 것이다.

그러나 거기에는 여전히 부족한 점이 있는 것처럼 보인다. 마음과 뜻이 그리스도를 향하고 있으며, 그리스도를 사랑하고 순종하는데도 왜 여전히 육체의 본성이 그토록 많은 권세를 발휘하고 있을까? 왜 마음 깊숙한 곳에서 시작되는 자발적인 행동과 감정은 올바른 모습을 보여주지 못하는 것인가? 우리 의지는 아무것이나 쉽게 인정하거나 허락하지 않지만, 그 의지의 통제를 뛰어넘는 영역이 존재한다.

이처럼 정죄받아 마땅한 죄는 그다지 적극적으로 저지르지 않는데도 불구하고 왜 그토록 많은 태만죄가 횡행하고 있으며 성결의 미덕이 그토록 결핍되어 있는지, 왜 그토록 사랑의 열정이 자기를 죽이고 예수님과 그분의 죽음을 닮아가려는 모습이 결핍되어 있단 말인가? 주님께서 말씀하신 대로, 왜 그토록 자아가 생명력을 잃게 되고, 그것이 확실히 그리스도 안에 거하는 삶을 의미하는 모습을 볼 수 없단 말인가? 이제 그리스도 안에 머무는 삶을 통하여, 우리 안에 머무시는 그리스도로 말미암아 그 성도는 지금까지 경험해보지 못한 일을 분명히 목격해야 한다.

그렇다. 믿음과 순종은 단지 축복에 이르는 통로일 뿐이다. 예수님은 포도나무와 가지의 비유를 말씀하시기 전에 믿음과 순종의 충만한 축복이 어떤 것인지를 매우 분명하게 말씀하셨다. 세 번씩이나 "너희가 나를 사랑한다면 내 계명을 지켜라"고 말씀하셨으며, 이렇게 예수님을 사랑하여 순종하는 사람에게는 세 가지 축복으로 면류관을 씌워주실 것이라고 말씀하셨다. 곧 성령님이 하나님 아버지로부터 임할 것이며, 성자 예수님이 그분 자신을 드러내실 것이며, 하나님 아버지와 성자 예수님이 임하셔서 거처를 마련하실 것이다.

우리의 믿음이 순종으로 자라나서 그 순종과 사랑 안에서 우리 전 존재가 그리스도께로 나아가 그분께 매달릴 때 우리 내적 삶이 활짝 열리게 된다. 또한 예수 그리스도와 하나님 아버지와 의식적으로 연합함으로써 영광을 받으신 예수님의 생명, 곧 성령님을 받아들이는 능력이 우리 안에서 생겨난다. 그러면 이 말씀이 우리 안에서 성취된다.

> "그날에는 내가 아버지 안에, 너희가 내 안에, 내가 너희 안에 있는 것을 너희가 알리라"(요 14:20).

　두 분이 서로 안에 존재하기 때문에, 의지와 사랑 안에서뿐만 아니라 본성과 생명 안에서도 모두 하나이다. 그리스도께서 하나님 안에, 하나님께서 그리스도 안에 있는 것처럼 우리도 역시 그리스도 안에, 그리스도께서 우리 안에 계신다. 의지와 사랑에 대해서 뿐만 아니라 생명과 본성에 대해서도 역시 하나가 된다는 것을 이해할 수 있게 된다.

　예수님이 "내 안에 거하라. 그러면 나도 너희 안에 거하겠다. 나 자신과 하나되는 신성한 삶을 받아들이는 데 동의하고 수락하라. 그렇게 함으로써 내가 아버지 안에 거하는 것과 마찬가지로 너희가 내 안에 거하는 것처럼 나도 역시 너희 안에 거하게 된다. 그리하여 너희 생명이 내 것이 되고 내 생명은 너희 것이 된다"고 말씀하셨던 것은 예수님이 아버지 안에, 또한 우리가 그분 안에, 그분이 우리 안에 계신다는 사실을 성령님을 통하여 우리에게 알리신 이후였다.

　이것이 바로 참된 거함이며 그리스도께서 오셔서 거할 수 있는 자리를 마련하는 것이다. 우리가 그분 안에 충분히 거함으로써 우리 영혼은 그분이 우리의 생명이 되신다는 사실을 발견하게 된다. 아무런 근심도 없는 어린아이처럼 우리를 위하여 모든 일을 행하시는 주님의 사랑을 신뢰하고 순종하는 데서 행복을 찾는 법이다.

이런 식으로 주님 안에 거하는 사람들에게는 "원하는 대로 구하라"는 약속이 정당한 유업이 임하게 된다. 다른 방법으로는 도저히 그렇게 될 수 없다. 그리스도께서는 이런 사람들을 완전히 소유하시게 된다. 그리스도께서는 이 사람들의 사랑과 의지와 생명 안에 머물러 계신다. 이 사람들은 자기 의지를 포기했을 뿐만 아니라 그리스도께서 그 안으로 들어와 머물면서 성령님을 통하여 함께 호흡하고 계신다. 이 사람들은 그리스도 안에서 기도하고 그리스도께서는 이 사람들 안에서 기도하고 계신다. 하나님 아버지께서 그리스도의 기도를 항상 들어주시기 때문에 이 사람들이 구하는 것은 그대로 이루어질 것이다.

사랑하는 동료 성도들이여! 우리가 그리스도께서 우리에게 원하시는 대로 그분 안에 거하지 않기 때문에 교회가 불신앙, 세속적인 가치, 이단 앞에서도 무력하다는 것을 솔직히 고백하자. 주님은 이런 세상의 원수들 앞에서도 얼마든지 교회가 승리할 수 있게 하신다(롬 8:37). 그리스도께서는 약속하신 바를 진정 이루려고 하신다는 것을 믿어야 한다. 그와 같은 고백에 함축된 내용이 바로 죄임을 인정하는 것이다.

그러나 용기를 잃지는 마라. 끝까지 포도나무에 붙어 있는 가지는 결코 성장을 멈추지 않도록 지속해서 생명수를 공급받는다. 주님께서 말씀하신 대로 우리 힘으로 주님 안에 거할 수 있다. 주님은 살아계셔서 우리에게 그런 능력을 허락하시기 때문이다. 모든 것을 해로 여긴다(빌 3:8)고 말할 준비와 다음 말씀과 같이 온전히 고백할 수 있도록 준비하자

"내가 이미 얻었다 함도 아니요 온전히 이루었다 함도 아니라 오직 내가 그리스도 예수께 잡힌 바 된 그것을 잡으려고 달려가노라. 형제들아 나는 아직 내가 잡은 줄로 여기지 아니하고 오직 한 일, 즉 뒤에 있는 것은 잊어버리고 앞에 있는 것을 잡으려고 푯대를 향하여 그리스도 예수 안에서 하나님이 위에서 부르신 부름의 상을 위하여 달려가노라"(빌 3:12-14)고 .

주님 안에 거하는 것에만 마음을 빼앗기지 말고 그 안에 거함으로써 우리와 연합되시는 주님께 마음을 쏟도록 하자. 그리스도의 순종과 자기 겸손 안에서, 그리스도의 높임 받음과 능력 안에서 우리 영혼이 움직이고 활동하도록 하라. 우리 안에서 그분이 온전한 그리스도가 되게 하라. 그러면 그리스도께서 친히 우리 안에서 그분의 약속을 이행하실 것이다.

우리가 그리스도 안에 점점 더 충만하게 거하는 가운데 자라감에 따라 우리 권리, 곧 하나님의 뜻에 참여한 우리 뜻을 마음껏 발휘

하도록 하라. 그 뜻이 명하는 대로 순종하면서 하나님께서 약속하신 것을 그 뜻대로 요구하도록 하라. 성령님의 가르침에 자기 자신을 내어놓도록 하라. 성령님은 우리 자신의 성장과 능력에 따라서 우리 각자에게 하나님의 뜻이 무엇인지를 보여주시고 우리가 기도를 통해 하나님의 뜻을 요구할 수 있게 하신다. 또한 예수님이 "너희가 내 안에 거하고 내 말이 너희 안에 거하면 무엇이든지 원하는 대로 구하라. 그리하면 이루리라"고 말씀하셨을 때, 우리에게 허락해주시는 것을 인격적으로 경험할 때까지 만족하지 않도록 주의하라.

너희가 내 안에 거하고 내 말이 너희 안에 거하면 무엇이든지 원하는 대로 구하라. 그리하면 이루리라. 요한복음 15:7

말씀과 기도가 반드시 결합되어야 한다는 것은 지극히 단순하고 초보적인 교훈이다. 새롭게 회심한 어떤 사람은 이것을 다음과 같이 표현했다. "나는 기도한다. 곧 우리 아버지께 말씀드린다. 나는 읽는다. 곧 우리 아버지께서 나에게 말씀하신다." 기도에 앞서 하나님의 말씀은 내가 구하기를 원하시는 것이 무엇인지를 계시함으로써 나를 준비시킨다. 기도하는 중에 하나님의 말씀은 내 믿음에 보증과 탄원을 더함으로써 나를 더욱 강하게 만든다. 기도한 이후에 하나님의 말씀은 내가 기도한 것에 대하여 응답을 가져다준다. 왜냐하면 기도를 통하여 성령님이 나에게 하나님 아버지의 음성을 듣도록 허락하시기 때문이다.

기도는 독백이 아니라 대화이다. 기도의 가장 본질적인 부분은 내 목소리에 응답하시는 하나님의 음성이다. 하나님의 음성에 귀를 기울이는 것은 하나님께서도 내 목소리에 귀를 기울이신다는 확신에 이르는 비결이다. "네 귀를 기울이고 들어라." "네 귀를 나에게 맡겨라." 그리고 "내 음성을 들어라"는 말씀은 우리 인간이 하나님께 바라는 것일 뿐만 아니라 하나님께서 우리 인간에게 권고하시는 요청이다.

하나님께서 들으시는 것은 우리의 태도에 따라 달라질 것이다. 내가 하나님의 말씀을 얼마나 기꺼이 받아들이느냐에 따라 내 말이 얼마나 힘 있게 하나님께 올라가는지를 헤아릴 수 있는 척도가 될 것이다. 내가 하나님의 말씀을 어떻게 여기느냐가 내가 하나님 자신을 어떤 분으로 여기는지를 결정하는 시험대이다. 그에 따라 기도 중에 하나님을 만나고 싶어 하는 내 열망이 얼마나 올바른 것인지를 가늠하게 된다.

예수님이 "너희가 내 안에 거하고 내 말이 너희 안에 거하면 무엇이든지 원하는 대로 구하라. 그리하면 이루리라"고 말씀하신 것은 바로 그분의 말씀과 우리 기도가 서로 밀접하게 결합되어야 한다는 의미이다. 이 말씀을 대신하는 다른 표현에 주목하면 이 진리가 매우 중요하다는 사실이 분명해진다. 예수님은 "내 안에 거하라. 그러면 나도 너희 안에 거하리라"고 말씀하셨다.

예수님이 우리 안에 거하시는 것은 우리가 그분 안에 거하는 것을 완전하게 하며 영광되게 한다. 그러나 여기서 "너희는 내 안에 거하라. 그러면 내가 너희 안에 거하겠다"고 말씀하시는 대신 예수님은 "너희는 내 안에 거하라. 그러면 내 말이 너희 안에 거하리라"고 말씀하신다. 예수님의 말씀이 우리 안에 거하는 것은 예수님 자신이 우리 안에 거하는 것과 같다.

그리스도 안에 있는 하나님의 말씀은 우리 영성생활에서, 특히 우리의 기도생활에서 놀라운 관점을 제시해준다. 사람은 말을 통하여 그 자신을 드러내게 된다. 사람은 약속을 통하여 자기 본심을 드러내고 약속을 받아들이는 사람에게 매이게 된다. 사람은 명령을 통하여 자기 뜻을 분명히 선포함으로써 복종을 요구하는 사람에게 주인 노릇을 하려고 한다. 마치 그 사람이 자기 수족이나 되는 양 그 사람을 휘어잡고 이용하려고 애쓴다.

영과 영은 서로 말을 통하여 교통한다. 그리하여 한 사람의 영이 다른 사람의 영에 자기 자신을 전달하게 된다. 어떤 사람이 말로서 다른 사람에게 자기 자신을 나눠준다는 것은 상대방이 자신의 말을 듣고 받아들이며 확실하게 붙잡고 순종한다는 것을 의미한다. 그러나 이 모든 것은 우리 인간에게 굉장히 상대적이고 제한적인 의미에서만 일어날 수 있다.

그러나 하나님은 무한한 존재이시다. 하나님 안에 있는 모든 것이 생명이자 능력이며 영이자 진리이다. 하나님께서 말씀으로 자신을 드러내실 때 이 말씀을 진정으로 받아들이는 자들에게는 하나님의 사랑과 생명, 하나님의 뜻과 능력을 비롯하여 하나님 자신을 베풀어주신다. 하나님은 모든 약속을 통해 우리에게 하나님 자신을 붙잡고 소유할 능력을 주신다. 모든 명령을 통하여 우리에게 하나님의 뜻, 하나님의 거룩하심, 하나님의 온전하심을 나눠주신다. 하나님의 말씀은 우리에게 하나님 자신을 내어주신다. 하나님의 말씀은 영원하신 아들 예수 그리스도이시다. 그러므로 모든 그리스도의 말씀은 하나님의 말씀이며, 신성한 기운을 북돋우는 생명과 능력으로 충만한 말씀이다.

"내가 너희에게 이른 말은 영이요 생명이라"(요 6:63).

지금까지 청각 장애인과 언어 장애인을 연구한 사람들은 대체로 말하는 능력이 듣는 능력에 달려 있으며 어린시절에 청력을 잃으면 말하는 능력도 잃는다고 한다. 이것은 더 넓은 의미에서도 사실이다. 우리는 귀로 듣는 동시에 입으로 말한다. 이것은 하나님과 우리가 서로 소통하는 가장 고차원적인 의미에서도 마찬가지다.

기도를 올려 드리는 것, 곧 어떤 소원을 구체적으로 말하는 것과 어떤 약속에 호소하는 것은 배우기 쉬운 일이다. 인간적인 지혜를 가진 사람에게서도 얼마든지 배울 수 있기 때문이다. 그러나 성령 안에서 기도하는 것, 곧 하나님께까지 도달하여 하나님의 마음을 움직여서 보이지 않는 세계에 영향력을 미치도록 중보하는 것은 전적으로 하나님의 음성을 듣는 데에 달려 있다.

우리는 하나님께서 말씀하시는 소리와 언어를 들어야 하며 하나님의 말씀을 통하여 하나님의 생각, 하나님의 마음, 하나님의 생명을 우리 마음속으로 받아들여야 한다. 그래야 하나님께서 들으시는 소리와 언어로 말하는 법을 배우게 될 것이다. 매일 아침 새롭게 깨우치는 학습자의 귀는 사람들뿐만 아니라 하나님께서 들으시는 음성과 언어로 말할 준비를 시켜준다(사 50:4 참조).

이렇게 하나님의 음성을 듣는 것은 하나님의 말씀을 사려 깊게 연구하는 일을 뛰어넘는다. 살아계신 하나님과 실질적인 교제를 나누지 못하는 성경 공부와 성경 지식이 얼마든지 있을 수 있다. 그러나 하나님 아버지의 임재 안에서, 성령님의 인도하심 아래서 이루어지는 성경 읽기도 있다. 이 과정에서는 하나님의 말씀이 우리에게 하나님 자신의 살아 있는 능력으로 다가온다. 이것이 바로 하나님 아버지의 음성이며 하나님 자신과 나누는 실질적이고 인격적인 교제이다. 바로 이 하나님의 살아 있는 음성은 우리 마음속으로 들어와 축복과 능력을 가져다주고 이는 다시 하나님의 마음을 움직이는 살아 있는 믿음을 일깨워준다.

순종하는 능력과 믿는 능력은 바로 이처럼 하나님의 음성을 듣는 것에 달려 있다. 중요한 것은 하나님께서 우리에게 반드시 해야 한다고 이미 말씀하신 것을 아는 것이 아니라 하나님께서 지금 우리에게 말씀하시도록 해야 한다는 것이다. 순종을 가능하게 만드는 것은 무엇이 옳은지를 말해주는 율법이나 책이나 지식이 아니라 하나님 자신의 인격적인 감화를 통해서이며, 하나님과 나누는 생생하게 살아 있는 교제를 통해서이다. 이처럼 기도에서도 믿음을 일깨우고 신뢰를 불러일으키는 것은 단지 하나님께서 약속하신 것을 아는 지식이 아니라 하나님께서 우리 가운데 친히 임재하시는 것이다. 불순종과 불신앙을 불가능하게 만드는 것은 오직 하나님의 충만한 임재뿐이다.

"너희가 내 안에 거하고 내 말이 너희 안에 거하면 무엇이든지 원하는 대로 구하라. 그리하면 이루리라." 우리는 이것이 무슨 의미인지를 잘 알고 있다. 구세주께서는 이 말씀 안에서 그분 자신을 내어주신다. 우리는 우리 안에 이 말씀을 소유하고 있어야 한다. 다시 말해 이 말씀을 우리의 의지와 생명 안으로 받아들여 우리 내면의 본성과 품행으로 되살아나게 해야 한다. 우리는 이 말씀이 우리 안에 거하도록 해야 한다. 우리 삶은 우리 안에서 우리를 채우고 있는 말씀이 연속적으로 나타나도록 해야 한다. 말씀은 우리 안에서 그리스도를 계시해야 하며 우리 삶은 그리스도를 밖으로 드러내야 한다. 그리스도의 말씀이 우리 마음속으로 들어와 우리 생명에 영향력을 끼치는 것처럼 우리가 간구하는 말도 그리스도의 마음속으로 들어가 그분께 영향력을 끼치게 된다.

내 기도는 내 삶에 달려 있다. 다시 말해 내가 하나님의 말씀을 어떻게 여기는가에 따라 하나님께서 내 말을 어떻게 여기실지가 결정된다. 만약 하나님께서 말씀하신 것을 내가 행한다면 하나님께서도 내가 간구하는 대로 행하실 것이다.

구약시대의 성도들은 하나님의 말씀과 우리가 간구하는 말이 이런 식으로 밀접하게 연관되어 있다는 것을 매우 잘 이해하고 있었다. 실제로 그들의 기도는 하나님께서 말씀하신 것을 듣고 사랑스럽게 반응하는 것이었다! 만약 그 말씀이 약속이었다면 그 사람들은 하나님께서 말씀하신 대로 행하실 것을 기대했을 것이다.

"여호와께서 말씀하신 대로 행하소서."

"주님, 여호와께서 그렇게 말씀하셨기 때문입니다."

"주의 약속에 따르면."

"주의 말씀에 따르면."

그와 같은 표현을 통하여 하나님께서 약속 가운데 말씀하신 것이야말로 옛 성도들의 기도를 붙잡고 있는 근원이자 생명임을 보여 주셨다.

"이에 아브람이 여호와의 말씀을 따라갔고 롯도 그와 함께 갔으며 아브람이 하란을 떠날 때에 칠십오 세였더라"(창 12:4).

그 사람들의 삶은 하나님과 교제하면서 말과 생각을 서로 교류

하는 것이었다. 그 사람들은 하나님께서 말씀하신 대로 듣고 행하였다. 또한 하나님은 옛 성도들이 말하는 것을 듣고 그대로 행하셨다. 하나님께서 우리에게 말씀하시는 모든 말씀을 통하여 그리스도께서는 그 말씀을 성취하기 위하여 온 힘을 기울이신다. 그리스도께서는 동시에 그 말씀을 지키고 그 말씀을 성취하기 위하여 우리 역시 온 힘을 다할 것을 요구하신다.

"내 말이 너희 안에 거하면." 이 조건은 매우 간단하고 명료하다. 주님은 말씀을 통하여 자기 뜻을 계시하신다. 말씀이 내 안에 거할 때, 주님의 뜻이 나를 다스린다. 내 의지는 주님의 뜻을 채우는 빈 그릇이 되며, 주님의 뜻이 다스리는 도구가 된다. 주님은 나의 내적인 존재를 채우신다. 순종과 믿음을 연습하는 과정에서 내 의지는 점점 더 강해져서, 주님과 점점 더 깊은 내면의 조화로 나아가게 된다. 주님은 내 의지를 충분히 고려하여 오직 그분이 뜻하는 것만을 바라도록 할 수 있으며, 그리하여 "너희가 내 안에 거하고 내 말이 너희 안에 거하면 무엇이든지 원하는 대로 구하라. 그리하면 이루리라"고 약속하신다. 이 약속을 믿고 그대로 행하는 모든 사람에게 주님은 이 약속을 문자 그대로 이루어주신다.

그리스도의 제자들이여! 우리는 응답받지 못하는 기도를 하나님의 지혜와 뜻에 맡긴다고 터무니없는 변명을 해왔지만 그 실제 이유는 우리의 연약한 기도, 바꾸어 말하면 우리의 연약한 삶 때문이 아닌가? 하나님의 입으로부터 나오는 말씀 이외에는 다른 어떤 것도 인간을 강하게 만들 수 없다. 우리는 그 말씀에 따라 살아가야 한다. 우리를 그리스도와 하나되게 만들어 영적으로 하나님을 감동시키고 하나님을 단단히 붙잡도록 우리를 준비시키는 것은 그리스도의 말씀이다. 우리는 그 말씀 안에서 순종하고 사랑하고 살아가야 한다. 그 말씀이 우리 안에 거하고 우리의 일부가 되어야 한다. 이 세상에 속한 모든 것은 지나가겠지만 하나님의 뜻을 행하는 자는 영원히 거하게 될 것이다.

그리스도께서 자기 자신, 곧 인격적으로 살아계신 구세주를 드러내시는 말씀에 우리 마음과 삶을 온전히 내어드리도록 하라. 그런 다음에야 그리스도의 약속이 우리에게 풍성한 경험으로 자리 잡게 될 것이다. "너희가 내 안에 거하고 내 말이 너희 안에 거하면 무엇이든지 원하는 대로 구하라. 그리하면 이루리라."

너희가 나를 택한 것이 아니요. 내가 너희를 택하여 세웠나니 이는 너희로 가서 열매를 맺게 하고 또 너희 열매가 항상 있게 하여 내 이름으로 아버지께 무엇을 구하든지 다 받게 하려 함이라. 요한복음 15:16

무엇이든지 구하는 대로 다 주시겠다는 하나님 아버지의 약속을 주님은 여기서 다시 한번 되풀이하고 계신다. 우리 주님은 "너희가 나를 택한 것이 아니요. 내가 너희를 택하여 세웠나니 이는 너희로 가서 열매를 맺게 하고 또 너희 열매가 항상 있게 하여 내 이름으로 아버지께 무엇을 구하든지 다 받게 하려 함이라"고 말씀하신다.

이것은 예수님이 "내 안에 거하라"(요 15:4)는 말씀에서 이야기하신 내용을 좀 더 충분히 설명하신 것에 지나지 않는다. 예수님은 "열매"(요 15:2)를 맺고 "더 열매를"(요 15:2) 맺으며 "열매를 많이"(요 15:5,8) 맺는 것을 이처럼 거하는 일의 최종 목적이라고 말씀하셨다.

"무릇 열매를 맺는 가지는 더 열매를 맺게 하려 하여 그것을 깨끗하게 하시느니라. …내 안에 거하라. 나도 너희 안에 거하리라. 가지가 포도나무에 붙어 있지 아니하면 스스로 열매를 맺을 수 없음 같이 너희도 내 안에 있지 아니하면 그러하리라. …나는 포도나무요 너희는 가지라. 그가 내 안에, 내가 그 안에 거하면 사람이 열매를 많이 맺나니 나를 떠나서는 너희가 아무것도 할 수 없음이라. …너희가 내 안에 거하고 내 말이 너희 안에 거하면 무엇이든지 원하는 대로 구하라. 그리하면 이루리라. 너희가 열매를 많이 맺으면 내 아버지께서 영광을 받으실 것이요, 너희는 내 제자가 되리라"(요 15:2-8).

이렇게 우리가 열매를 맺을 때 하나님께서 영광을 받으실 것이며 제자도의 표지가 드러나게 될 것이다. 지금 예수님이 실제로 거하는 사람들에게는 풍성한 열매가 맺힐 것이며 이것이 바로 우리가 언제든 구하는 대로 받을 수 있는 기도의 선결 요건이다. 우리의 부르심을 성취하기 위해 온전히 헌신하는 것은 효과적인 기도를 위한 열쇠이며 그리스도께서 약속하신 기도에 관한 놀라운 축복을 무한정 받기 위한 전제 조건이다.

이러한 진술은 값없이 베풀어주시는 은혜에 관한 교리와 모순된다고 우려하는 그리스도인들이 있다. 그러나 값없는 은혜를 올바로 이해하기만 한다면 서로 어긋나지 않는다. 하나님의 복된 말씀을 보면 이를 잘 알 수 있다. 사도 요한의 말을 한 번 들어보라.

"자녀들아, 우리가 말과 혀로만 사랑하지 말고 행함과 진실함으로 하자. 이로써 우리가 진리에 속한 줄을 알고, 또 우리 마음을 주 앞에서 굳세게 하리니…. 무엇이든지 구하는 바를 그에게서 받나니 이는 우리가 그의 계명을 지키고 그 앞에서 기뻐하시는 것을 행함이라"(요일 3:18-19,22).

또한 우리가 자주 인용하는 사도 야고보의 말을 한 번 살펴보라.

"의인의 간구는 역사하는 힘이 큼이니라"(약 5:16).

성령님이 밝혀주시는 대로 이 말씀을 보면 "의를 행하는 자는 그의 의로우심과 같이 의롭고"(요일 3:7)라고 말할 수 있다.

간구하는 자의 흠 없는 고결함과 의로움에 당당하게 호소하는 수많은 시편을 주의 깊게 살펴보라. 시편 18편에서 다윗은 이렇게 말한다.

"여호와께서 내 의를 따라 상 주시며 내 손의 깨끗함을 따라 내게 갚으셨으니"(시 18:20).

"또한 나는 그의 앞에 완전하여 나의 죄악에서 스스로 자신을 지켰나니 그러므로 여호와께서 내 의를 따라 갚으시되 그의 목전에서 내 손이 깨끗한 만큼 내게 갚으셨도다"(시 18:23-24).

이 구절들을 신약성경의 관점에서 살펴본다면, 구세주의 고별사에서 명확하게 드러나는 가르침과 완벽하게 조화를 이루고 있다는 사실을 발견하게 된다.

"내가 아버지의 계명을 지켜 그의 사랑 안에 거하는 것 같이 너희도 내 계명을 지키면 내 사랑 안에 거하리라"(요 15:10).

"너희는 내가 명하는 대로 행하면 곧 나의 친구라"(요 15:14).

실로 이 말씀들은 문자 그대로 다음과 같은 의미이다.

"내가 너희를 택하여 세웠나니 이는 너희로 가서 열매를 맺게 하고 또 너희 열매가 항상 있게 하여 내 이름으로 아버지께 무엇을 구하든지 다 받게 하려 함이라"(요 15:16).

구세주께서 우리에게 가르치시는 것을 이해하려고 노력하라. 우리의 복음주의 신앙은 기도와 믿음을 통하여 얻을 수 있는 체험에 관하여 어느 한쪽 측면만 지나치게 강조하는 위험성이 있다. 그러나 하나님의 말씀이 우리에게 아주 강력하게 제시하는 또 다른 측면이 있다. 그것은 축복으로 나아가는 유일한 길로서 순종이라는 측면이다. 여기서 우리가 깨달아야 하는 것은 무한하신 하나님과 우리의 관계 속에서 우리는 자신을 창조하고 구속하신 하나님을 부른다는 사실이다. 스스로 동기를 부여해야 할 첫 번째 감정은 하나님의 주권, 하나님의 영광, 하나님의 뜻, 하나님의 기쁨에 순복해야 한다는 것이다. 이것이 바로 우리 삶에서 가장 우선적이고 고귀한 사고방식으로 자리 잡고 있어야 한다.

문제는 어떻게 하나님의 은혜를 받아 누리느냐가 아니다. 왜냐하면 그런 접근 방식에서는 여전히 주요 관심사가 자기일 수밖에 없기 때문이다. 만물을 다스리시는 이 무한하신 하나님께서 당연하고도 정당하게 요구하시는 것이며 이루 다 말로 표현할 수 없을 정도로 무한한 가치를 두는 것은 하나님의 주권, 하나님의 영광, 하나님의 뜻, 하나님의 기쁨을 나의 유일한 목적으로 삼는 것이다. 하나님의 온전하고 복되신 뜻에 순복하는 것, 곧 섬김과 순종의 삶이야말로 천상의 아름다움과 매력이다.

섬김과 순종은 이 땅에 찾아오셨던 예수님의 마음속 가장 깊숙이 자리 잡고 있던 생각들이다. 섬김과 순종은 우리가 바라고 목표하는 것 중에서 가장 중요한 자리를 차지하고 있어야 하며, 안식, 빛, 기쁨이나 능력, 힘보다 훨씬 더 중요한 목적으로 자리 잡고 있어야 한다. 섬김과 순종을 통하여 우리는 훨씬 더 숭고한 축복으로 나아가는 길을 발견하게 될 것이다.

주님께서 이 점을 얼마나 중요하게 생각하시는지 한 번 주목해보라. 주님은 요한복음 15장에서 주님 안에 거하는 것과 관련된 주제를 다루시면서, 또 요한복음 14장에서 삼위일체 하나님께서 우리 안에 거하시는 것에 관하여 말씀하시면서 이 점을 뚜렷이 나타내셨다.

"너희가 나를 사랑하면 나의 계명을 지키리라"(요 14:15).

그러면 하나님 아버지께서 우리에게 성령님을 허락해주실 것이다. 그다음 21절에서는 이렇게 말씀하셨다.

"나의 계명을 지키는 자라야 나를 사랑하는 자니, 나를 사랑하는 자는 내 아버지께 사랑을 받을 것이요, 나도 그를 사랑하여 그에게 나를 나타내리라"(요 14:21).

그러면 이 사람은 내(예수님) 아버지의 특별한 사랑을 받을 것이며 나 자신(예수님)의 특별한 현현을 경험하게 될 것이다.

23절은 모든 위대하고 귀중한 약속 가운데 하나이다. "예수께서 대답하여 이르시되 사람이 나를 사랑하면 내 말을 지키리니 내 아버지께서 그를 사랑하실 것이요. 우리가 그에게 가서 거처를 그와 함께 하리라." 순종이야말로 우리 안에 성령님이 내주하시고, 바로 그 성령님이 우리 안에 아들을 계시하시며, 하나님 아버지의 거처가 되도록 성령님이 우리를 준비시키기 위한 지름길이라는 사실을 이러한 말씀들보다 더 명료하게 가르쳐줄 수 있는 말씀이 어디에 있겠는가? 우리 안에 삼위일체 하나님께서 거하시는 것은 순종하는 사람들에게 허락하시는 엄청난 유산이다.

순종과 믿음은 단지 하나님 자신과 하나님의 뜻에 순복하는 행위를 구성하는 양 측면이다. 믿음이 순종을 강화하고 믿음은 순종으로 말미암아 강화된다. 믿음은 행위로 완전해진다. 우리는 더욱 커다란 믿음에 도달하려고 열심히 노력하지만 성공을 거두지 못한다. 그 이유는 커다란 믿음에 도달할 수 있고, 커다란 믿음에 도달하게 만드는 자세, 다시 말해 하나님의 영광과 뜻에 전적으로 순복하는 자세를 취하지 않기 때문이다. 하나님과 그분의 뜻에 전적으로 자기 자신을 헌신하는 사람은 바로 그 하나님께서 자기 자신을 위하여 약속하신 모든 것을 요구할 권리를 얻는다.

이 원리를 기도학교에서 적용하는 것은 굉장히 간단하면서도 매우 중대한 일이다.

"너희가 열매를 많이 맺으면 내 아버지께서 영광을 받으실 것이요. 너희는 내 제자가 되리라. 아버지께서 나를 사랑하신 것 같이 나도 너희를 사랑하였으니 나의 사랑 안에 거하라. 내가 아버지의 계명을 지켜 그의 사랑 안에 거하는 것 같이 너희도 내 계명을 지키면 내 사랑 안에 거하리라. …너희가 나를 택한 것이 아니요. 내가 너희를 택하여 세웠나니 이는 너희로 가서 열매를 맺게 하고, 또 너희 열매가 항상 있게 하여 내 이름으로 아버지께 무엇을 구하든지 다 받게 하려 함이라"(요 15:8-10,16).

기도로 열매를 맺기 위하여 열심히 애써왔지만, 그런데도 응답이 이루어지지 않는 이유를 몰라 얼마나 자주 의아하게 생각했는지 모른다. 그러나 그 이유는 우리가 주님의 명령을 따르지 않고 거역했기 때문이다. 우리는 먼저 위로와 기쁨과 능력을 받고 싶어 하였다. 그리하여 별다른 고난을 받거나 자기희생을 하지 않고 안이하게 대응했다. 그러나 주님은 우리에게 믿음을 원하셨다. 주님께서 말씀하신 것들을 그대로 행하기 위하여 믿음의 순종으로 나아오기를 원하셨다. 우리가 연약하다고 느끼는지 혹은 강하다고 느끼는지, 또는 그 일이 어려운지 쉬운지를 떠나 단지 믿음으로 순종하기를 원하셨다. 열매 맺는 길을 가면 성공하는 기도의 자리와 능력으로 나아가게 될 것이다.

순종은 하나님의 영광으로 인도하는 유일한 길이다. 믿음을 대신한 순종도 아니며 믿음의 부족함을 극복하기 위한 순종도 아니다.

믿음의 순종은 하나님께서 우리를 위하여 예비하신 모든 축복으로 나아갈 수 있게 한다. 요한복음에서 말하는 성령 세례(요 14:16), 성자 예수님의 현현(요 14:21), 하나님 아버지의 내주하심(요 14:23), 그리스도의 사랑 안에 거하는 일(요 15:10), 그분의 거룩한 우정을 누리는 특권(요 15:14), 그리고 효과적인 기도의 능력(요 15:16), 이 모든 것이 순종하는 자를 기다리고 있다.

지금까지 우리가 무슨 교훈을 얻었는지 한 번 곰곰이 생각해보라. 이제 우리는 성공적으로 기도할 수 있는 믿음의 능력을 소유하지 못했던 이유를 알게 되었다. 우리의 삶은 올바른 모습이 아니었다. 단순하고 절대적인 순종과 그리스도 안에 거하면서 많은 열매를 맺는 것이 과거에는 우리 삶의 목적이 아니었다. 그런데 이제 우리는 온 마음을 다하여 하나님의 명령을 받아들이게 된다. 다시 말해 하나님께서 세상을 다스리는 능력을 사람들에게 주셨다.

하나님은 그 사람들의 요구에 따라 행하신다. 그 사람들은 자신이 품은 뜻을 통하여 하나님의 뜻이 이루어지는 길을 알게 된다. 이 사람들은 스스로 순종하는 법을 배웠다. 이 사람들이 하나님의 권위에 충성하고 순복하였음은 의심의 여지가 없다. 순종과 열매 맺는 삶이 효과적인 기도로 나아가는 지름길임을 인정한다면, 우리는 또한 자기 삶이 이 길에서 너무나 멀리 벗어나 있다는 것을 부끄러운 마음으로 인정할 수밖에 없다.

구세주께서 우리에게 내리신 명령을 있는 그대로 취하도록 우리 자신을 순복시켜라. 주님으로서 그분이 우리와 맺고 있는 관계를 더욱 깊이 공부하라. 이제 더는 날마다 우리 자신의 안락이나 기쁨, 축복만을 생각하려고 애쓰지 마라. 우리가 가장 먼저 품어야 할 생각은 내가 주님께 속해 있다는 것이다. 날마다, 매 순간 나는 주님의 소유로서, 그분의 일부로서, 오직 그분의 뜻을 알고 행하기 위하여 애쓰는 자로서 행동해야 한다.

예수 그리스도의 종이자 머슴으로서 이것이 우리의 정신으로 자리 잡도록 하라. 주님께서 "이제부터는 너희를 종이라 하지 아니하리니, 종은 주인이 하는 것을 알지 못함이라. 너희를 친구라 하였노니 내가 내 아버지께 들은 것을 다 너희에게 알게 하였음이라"(요 15:15)고 말씀하신다면, "너희는 내가 명하는 대로 행하면 곧 나의 친구"(요 15:14)이기 때문에 친구의 자리를 순순히 받아들이도록 하라.

주님의 가지인 우리에게 주님께서 명하시는 오직 한 가지 일은 열매를 맺으라는 것이다. 다른 사람들을 축복하기 위하여, 예수님 안에 있는 생명과 사랑을 입증하기 위하여 살도록 하라. 예수님이 우리를 택하시고 명하시는 목적, 곧 열매 맺는 삶에 믿음과 순종으로 모든 생명을 바치도록 하라. 주님은 이 일을 위하여 우리를 택하셨다는 사실을 생각하며 그분께서 맡기신 사명을 받아들이도록 하라.

주님은 우리가 요구하는 모든 것을 항상 우리에게 허락하시는 분이다. 그분께서 말씀하시는 온갖 약속들을 있는 그대로 취할 때, 우리는 풍성한 삶, 그리스도 안에 거하는 삶에 도달할 수 있다. 우리는 이러한 확신을 점점 더 강하게 가질 수 있다. 오직 열매 맺는 삶만이 모두를 효과적으로 설복시키는 기도의 자리로 나아가는 지름길이 되는 이유를 이해하게 될 것이다. 그리스도께 순종하는 삶을 통하여 주님께서 뜻하시는 것을 행하고 있다는 사실을 증명하는 사람은 무엇을 구하든지 다 그대로 아버지께 받으실 것이기 때문이다.

"무엇이든지 구하는 바를 그에게서 받나니 이는 우리가 그의 계명을 지키고 그 앞에서 기뻐하시는 것을 행함이라"(요일 3:22).

너희가 내 이름으로 무엇을 구하든지 내가 행하리니 이는 아버지로
하여금 아들로 말미암아 영광을 받으시게 하려 함이라. 내 이름으로
무엇이든지 내게 구하면 내가 행하리라. …너희가 무엇이든지 아버
지께 구하는 것을 내 이름으로 주시리라. 지금까지는 너희가 내 이
름으로 아무것도 구하지 아니하였으나 구하라. 그리하면 받으리니
너희 기쁨이 충만하리라. 요한복음 14:13-14, 16:23-24

　　지금까지 제자들은 그리스도의 이름으로 구하지 않았으며, 또한
주님께서도 한 번도 그런 표현을 쓰신 적이 없으셨다. 그나마 이와
가장 가까운 표현은 "두세 사람이 내 이름으로 모인 곳에는 나도 그
들 중에 있느니라"(마 18:20)는 말씀이었다. 여기에 등장하는 고별

사에서 우리 주님은 아무런 제한을 두지 않는 약속들과 자신의 이름을 반복적으로 연관시키셨다. "무엇이든지" "어떤 것이든" "원하는 대로"라는 표현을 사용하여, 오직 주님의 이름만이 우리의 유일하고도 충분한 간구를 가능하게 만든다는 사실을 제자와 우리에게 가르쳐주신다.

사람의 이름이란 무엇인가? 이름이란 그 사람을 부르거나 나타내는 말이나 표현이다. 어떤 이름을 언급하거나 들을 때, 단지 이름뿐만 아니라 그 사람 전체를 마음속에 떠올리게 된다. 내가 그 사람에 관하여 알고 있는 것과 더불어 그 사람이 나에게 전해준 인상 역시 떠오르게 된다.

어떤 왕의 이름에는 명예와 권세와 통치 영역이 포함된다. 그 왕의 이름은 왕권의 상징이다. 그와 마찬가지로 하나님의 이름은 우리 눈에 보이지 않는 존재의 영광을 부분적으로 나타내고 구체화하게 된다. 그리스도의 이름은 지금까지 그분이 행하신 모든 일과 그리스도의 전 존재와 우리의 중재자로서 행하면서 살아가는 모든 삶을 나타내는 표현이다. 그런데 다른 사람의 이름으로 어떤 일을 한다는 것이 도대체 무슨 뜻인가? 이것은 그 사람의 대표자이자 대리자로서 자신의 권세와 권위를 사용한다는 뜻이다. 이처럼 다른 사람의 이름을 사용하는 데에는 항상 이해관계의 일치를 전제로 삼아야 한다. 먼저 다른 사람에게 맡겨도 자기 명예와 이익이 안전하게 지켜진다고 확신하지 못한다면, 누구도 다른 사람에게 자기 이름을 사용하도록 하지 않을 것이다.

예수님이 자기 이름을 사용할 권세를 우리에게 허락해 주겠다고 말씀하셨을 때 그것은 무슨 뜻인가? 더구나 우리 주님은 그 이름을 마음껏 자유롭게 사용하도록 하셨다. 주님의 이름으로 무엇을 구하든지 우리에게 주실 것이라고 보장하셨다. 아주 특별한 경우에 자기 명의의 청구권을 다른 사람에게 양도하는 것과는 전혀 비교되지 않는다. 예수님은 모든 제자에게 종합적이고 제한 없는 권세를 엄숙하게 허락하셨다. 제자들이 무엇이든지 원하는 것을 얻기 위하여 언제든지 그분의 이름을 자유롭게 사용하도록 허락하셨다.

예수님이 그분의 이익과 관련하여 우리를 신뢰할 수 없거나 그분의 명예가 안전하게 지켜질 수 없다고 생각하셨다면, 감히 그렇게 하실 수 없었을 것이다. 다른 사람에게 자기 이름을 자유롭게 사용하도록 하는 것은 그 사람을 엄청나게 신뢰하고 친밀하게 연합되어 있다는 실질적인 증거이다. 다른 사람에게 자기 이름을 양도하는 자는 그 사람이 일할 수 있도록 뒤로 물러서게 된다. 다른 사람의 이름을 양도받은 자는 자신의 이름을 포기한다. 내가 다른 사람의 이름으로 나아갈 때 나는 나 자신을 부인한다. 나는 그 사람의 이름을 사용할 뿐만 아니라 나 자신과 내 존재를 드러내는 대신에 그 사람의 이름과 신분과 인격을 드러내야 한다.

이처럼 다른 사람의 이름을 사용하는 것은 법적인 연합의 결과일 수도 있다. 가정과 사업체를 남겨두고 멀리 떠나는 상인은 총지

배인에게 전반적인 권한을 위임한다. 그래서 자기 이름으로 수천만 원이라도 필요한 만큼 은행에서 찾을 수 있도록 한다. 이 지배인은 자기 자신을 위해서가 아니라 사업상의 유익을 위하여 돈을 찾는다. 상인은 이 지배인이 자신의 유익과 사업체에 전적으로 헌신하는 사람이라는 것을 잘 알고 있어서 그 사람을 충분히 신뢰하기 때문에 과감하게 자기 이름과 재산을 마음대로 활용할 수 있도록 한다.

예수님이 하늘로 올라가셨을 때 이 땅에 있는 주님의 왕국을 관리하는 임무를 주님의 종들에게 맡기셨다. 예수님은 자기 이름을 제자들에게 내어주어 주님의 일을 제대로 진행하는 데 필요한 모든 것을 마음대로 인출할 수 있게 하셨다. 그러므로 제자들에게는 오직 주님의 유익과 일을 위해서 살아가는 한 얼마든지 예수님의 이름을 사용할 수 있는 영적인 권세를 누리게 된다. 예수님의 이름을 사용한다는 것은 항상 자신의 이해관계를 내려놓는다는 것을 전제로 한다.

또한 다른 사람의 이름을 사용하는 것은 혈통의 연합을 통해서 가능할 수도 있다. 상인과 지배인의 경우 그 연합은 일시적이다. 그러나 우리는 이 땅에서 혈통의 일치를 통하여 이름의 일치를 이루게 된다. 자식은 아버지의 혈통을 간직하고 있기에 아버지의 성(이름)을 이어받게 된다. 자식은 아버지가 쌓아온 명성 덕분에 다른 사람들에게 칭송이나 도움을 받게 된다. 그러나 아버지의 이름만 물려받았을 뿐 아버지의 인품까지 제대로 물려받지 못했다면 이런 상황은 그다지 오래 지속되지 못할 것이다. 명성과 인품, 또는 삶의 철학과

정신이 서로 조화를 이루어야 한다. 그렇게 되면 그 자식은 아버지의 친구들에게 갑절로 환대를 받을지도 모른다. 그 이름 때문에 베풀어진 사랑과 존대는 인품 때문에 더욱 확고해지고 증대될 것이다.

예수님과 성도들 사이도 마찬가지다. 우리는 예수님과 하나이며 한 혈통이며 한 영을 소유하고 있다. 이와 같은 이유로 우리는 그분의 이름으로 행동할 수 있다. 하나님에 대해서든 사람에 대해서든 사탄에 대해서든 예수님의 이름을 사용할 수 있는 권세는 영적인 혈통의 연합이라는 척도에 따라 달라진다. 이름을 사용하는 것은 혈통의 연합에 의존한다.

예수님의 이름과 영은 하나이다. "내 이름으로 무엇을 구하든지." 이것은 다시 말해 "내 본성에 따라 무엇을 구하든지"라는 뜻이다. 하나님은 만물을 그 본성에 따라 다양하게 부르시기 때문이다. 그리스도의 이름으로 구한다는 것은 우리가 기도를 마무리하면서 단지 "이 모든 말씀을 예수님의 이름으로 기도합니다"라고 고백한다는 것을 의미하지 않는다. 그 의미는 우리가 그리스도의 본성에 따라 기도하고 있다는 뜻이다. 그 본성이란 자기 유익을 구하지 아니하고 오직 하나님의 뜻과 모든 피조물의 유익을 구하는 사랑이다. 그와 같은 간구야말로 우리 마음속에서 그리스도의 영이 간절히 부르짖는 외침이다.

또한 이름을 사용할 권한을 부여하는 연합은 사랑의 연합이다. 가난한 인생을 살아왔던 신부가 신랑과 연합하게 되었을 때 그 신부는 자기 성(이름)을 포기하고 남편의 성(이름)으로 불리게 되며 남편의 성(이름)을 사용할 권리를 누리게 된다. 아내는 남편의 성(이름)을 획득하게 되고 그 성(이름)을 거부하지 않는다. 이것은 신부가 자기 유익을 돌볼 것으로 여기면서 신랑이 직접 신부를 골랐기 때문이다. 두 사람은 이제 하나이다.

마찬가지로 하늘에 계신 신랑 예수님은 이보다 더 많은 것을 행하실 수 있다. 우리를 사랑하셔서 주님 자신과 우리를 하나되게 하신다. 이제 신랑되신 그리스도의 이름을 부르는 사람들에게는 하나님 아버지 앞에서 그 이름을 제시할 모든 권한을 내어주셨다. 또한 필요한 모든 것을 위하여 그 이름을 가지고 신랑에게 담대하게 나아갈 권한을 주셨다. 예수님의 이름으로 살아가기 위하여 진정으로 자기 자신을 포기하는 사람은 무엇이든지 원하는 대로 영적인 능력을 받게 된다. 다른 사람의 이름을 사용한다는 것은 나 자신을 포기했을 뿐만 아니라 그와 더불어 나 자신의 독립적인 삶도 포기했다는 뜻이다. 그러나 이것은 나 자신을 대신하여 취한 이름 아래 있는 모든 것이 내 소유가 된다는 뜻이다.

예수님의 이름으로 간구하는 사람을 위임받은 대리자나 항소하기 위하여 어떤 후견인이나 보호자의 이름을 대신 사용하는 범죄자에 비유하는 것은 문제가 있다. 우리는 부재자의 이름으로 기도하는 것이 아니다. 예수님은 하나님 아버지와 함께 계신다. 하나님께 기도할 때 우리는 예수님의 이름으로 기도해야 한다. 심지어 우리가 예수님 자신에게 기도할 때에도 역시 예수님의 이름으로 기도해야 한다.

이름은 그 인격을 대표하며, 그 이름으로 구하는 것은 예수님 안에서 살아갈 뿐만 아니라 예수님을 위하여 살아가는 자로서 예수님의 이해관계, 생명, 사랑에 완전히 연합하여 간구하는 것이다. 오직 예수님의 이름이 내 마음과 삶 속에서 완전한 주권을 행사하도록 하라! 그러면 예수님의 이름으로 구하는 것은 무엇이든 거절되지 않는다는 믿음을 키워가게 될 것이다. 이처럼 간구하는 이름과 간구하는 권세는 함께 가게 된다. 예수님의 이름이 내 삶을 다스리는 권세를 갖게 될 때, 하나님께 드리는 기도의 능력도 역시 나타나게 될 것이다.

그러므로 이 모든 것은 예수님의 이름과 우리 자신의 관계에 달려 있다. 예수님의 이름이 우리 기도에 얼마나 커다란 영향력을 미치느냐는 예수님의 이름이 우리 삶에 얼마나 커다란 영향력을 발휘하느냐에 달려 있다. 우리에게 이를 명확하게 알려주는 성경 말씀은 상당히 많다. "또 무엇을 하든지 말에나 일에나 다 주 예수의 이름으로 하고 그를 힘입어 하나님 아버지께 감사하라"고 말씀할 때, 이것은 "무엇이든지 주 예수의 이름으로 구하라"는 말씀과 짝을 이룬다. 예수님의 이름으로 모든 일을 행하는 것과 모든 일을 간구하는 것이 함께 간다.

"만민이 각각 자기 신의 이름을 의지하여 행하되 오직 우리는 우리

하나님 여호와의 이름을 의지하여 영원히 행하리로다"(미 4:5).

이 말씀은 예수님의 이름의 권세가 우리의 모든 삶을 다스려야 한다는 뜻이다. 오직 그럴 때라야 기도의 능력이 생겨난다.

하나님은 예수님의 이름이 우리와 어떤 관련을 맺고 있는지 살펴보기 위하여 우리 입술이 아니라 우리 삶에 주목하신다. 성경에서 우리 주 예수님의 이름을 위하여 죽을 것도 각오한 사람들에 관하여 이야기할 때(행 21:13), 그 이름과 우리의 관계가 어떠해야 하는지를 깨닫게 된다. 그 이름이 우리에게 모든 것으로 자리 잡을 때 그 이름은 나를 위하여 모든 것을 얻어줄 것이다. 만약 내가 그 이름으로 하여금 내게 있는 모든 것을 소유하도록 한다면 그 이름도 역시 나로 하여금 모든 것을 소유하도록 할 것이다.

예수님은 요한복음에서 "너희가 내 이름으로 무엇을 구하든지 내가 행하리니"(14:13)라는 말씀을 주셨다. 많은 그리스도인은 지금까지 이 말씀이 너무 무제한적이라는 이유로 그 의미를 한정하려고 했다. 우리는 "내 이름으로"라는 구절이 그 자체로 강력한 안전장치라는 점을 이해하지 못했다.

예수님의 이름으로 살며 활동하는 것 이상으로 더 많은 영적 능력을 발휘할 수 있는 사람은 아무도 없다. 사람들 앞에서 그 이름을 사용할 때 우리는 하나님 앞에서 그 이름을 사용할 수 있는 권한을 소유하게 된다. 그 이름이 의미하는 바를 우리에게 보여주시도록 하나님의 거룩한 성령께 가르쳐달라고 간구하자. 그 이름을 사용하는 권한이 어떤 것인지를 깨달을 수 있도록 도와달라고 간구하자. 그럴 때 하늘 아래 있는 모든 이름 위에 뛰어난 그 이름(빌 2:9)이 성령님을 통해서 우리 마음과 삶 속에서도 역시 지극히 높은 자리를 차지하게 된다.

예수님의 제자들이여, 오늘의 교훈을 마음속 깊이 새기도록 하라. 주님은 이렇게 말씀하신다. "오직 내 이름으로 기도하라. 무엇이든지 너희가 구하는 대로 받을 것이다. 하늘이 너희에게 열릴 것이다. 주변 사람들을 도우려는 너희에게 영적 세계의 각종 보화와 능력을 마음껏 쓰도록 맡겨져 있단다." 그렇다! 예수님의 이름으로 기도하는 법을 배우도록 하라. 예수님은 제자들에게 말씀하셨던 것처럼 우리에게도 이렇게 말씀하신다.

"지금까지는 너희가 내 이름으로 아무것도 구하지 아니하였으나 구하라. 그리하면 받으리니 너희 기쁨이 충만하리라"(요 16:24).

예수님의 제자들이여, 저마다 왕 같은 제사장의 권한을 이용하려고 애쓰라. 주님의 일을 위하여 마음껏 쓰도록 맡겨진 능력을 이용하기 위하여 애쓰도록 하자. 그리스도인들이여, 깨어 일어나 이 메시지에 귀를 기울여라. 당신의 기도는 기도하지 않으면 얻지 못할 것들을 얻을 수 있게 할 것이며 기도하지 않으면 이루어지지 않을 것들을 성취하게 할 것이다. 깨어 일어나 죽어가는 세상을 위하여 온갖 하늘의 보물 창고를 활짝 열어젖히도록 하라. 왕이신 주님의 종들로서 그분의 이름을 사용하는 법을 배우도록 하라.

"너희가 내 이름으로 무엇을 구하든지 내가 행하리니"(요 14:13).

■ 나의 신앙 고백 1

이 책을 읽고 가장 은혜가 되었던 것은 무엇이며,
나의 신앙생활에 도전이 되었던 점은 무엇입니까?

....

....

....

....

....

....

....

■ 나의 신앙 고백 2

이 책을 읽고 가장 은혜가 되었던 것은 무엇이며,
나의 신앙생활에 도전이 되었던 점은 무엇입니까?

....

....

....

....

....

....

....

■ 나의 신앙 고백 3

이 책을 읽고 가장 은혜가 되었던 것은 무엇이며,
나의 신앙생활에 도전이 되었던 점은 무엇입니까?

....

....

....

....

....

....

....